历史穿越报

隋唐英雄 李世民

皇帝中的模范生

冰心儿童图书奖获得者 彭凡 著

化学工业出版社
·北京·

前言

如果你想了解一个人，就和他一起吃饭、聊天、逛街，关注他的朋友、他的敌人，以及他周围的一切。可是……

如果他是一位古代帝王，该怎么办？

很简单，坐上我们的时光机，回到他生活的年代，和他一起吃饭、聊天、逛街，关注他的朋友、他的敌人，以及他周围的一切。

当你回到古代，你会发现，原来古人也和我们一样，也要工作、学习和娱乐，也爱美食、八卦和明星。

你会发现，你想了解的人，也正是大家热烈讨论的那个人。

你会发现，当时的好多新闻、八卦都与他有关。

你会发现，就连广告中也处处有他的身影呢。

武则天刚刚发布了一则公告，要在全国进行大改，年号要改，旗帜要改，衙门名称、官职名称等都要改，连都城的名字也要改，话说她这是要登基当女皇的节奏吗？

朱元璋正在招兵买马，小编穿穿刚好会几招三脚猫功夫，要不要报名去试试？

一个通讯员告诉我们，唐太宗李世民又和魏征在大殿上争得面红耳赤了，我们要不要偷偷把这个镜头拍下来呢？

……

现在,你是不是迫不及待想回到古代,在第一时间内了解这些新闻和八卦呢?别急,我们已经派人穿越了,将你想知道的一一记录下来,刊登在《历史穿越报》上。

这套《历史穿越报》一共十本,分别详细记录了汉武帝、唐太宗、武则天等十位帝王的成长历程。每本《历史穿越报》有十二期,一月一期,为了方便大家阅读,我们将它做成合订本。每期报纸中都有五花八门的新闻、八卦、访谈、广告、漫画,让你目不暇接。

我们的记者队伍非常庞大,分布在全国各地。有一部分人喜欢专门记录重大事件,我们将这些稿件放在"叱咤风云"栏目。

我们还有一批勤奋的通讯员,每天穿梭在各大茶馆。他们可不是去喝茶哦,而是为了搜集百姓的八卦、言论,给"百姓茶馆"栏目准备素材。

我们还设立了一个"鸿雁传书"栏目,古人有什么困扰、烦恼,统统都可以通过来信告诉我们,小编穿穿会一一耐心回复哦!

我们还有一位大嘴记者,名叫越越,专门负责采访当时最杰出,或者最有争议的人物。他是一个胆大包天的家伙,就算是皇帝也要刁难一下,古人们可要做好准备了!

当然,我们还有"广告铺"栏目,欢迎大家刊登广告,价格从优哦!

最后,希望大家在看完这份报纸后,不仅能读懂帝王们的一生,还能从中获得知识、经验与勇气,让我们的穿越功夫没有白费。

目录

第1期　皇亲国戚

【烽火快报】皇帝被困，十六岁小兵疑兵化险……………… 11
【绝密档案】救驾小兵跟皇帝关系非比寻常……………… 12
【百姓茶馆】十人就有九人反……………… 13
【鸿雁传书】皇帝出尔反尔，气坏老夫……………… 14
【叱咤风云】自家表兄也不放心——以突厥之道，还治突厥之身——以少胜多，李世民救父……………… 15
【名人有约】特约嘉宾：李渊……………… 22
【广告铺】只劫富，不劫贫——何以解忧，唯有好马——上好兵器，买一送一……………… 24

第2期　劝父起兵

【烽火快报】县令被关起来了……………… 26
【绝密档案】贵公子变成了山大王……………… 27
【鸿雁传书】如何劝父亲大人起兵？……………… 30
【叱咤风云】李世民探监谋天下——打了败仗，李渊何去何从——"贼喊捉贼"，晋阳宫事变——为天下，称臣又何妨… 31
【百姓茶馆】竖红旗，还是竖白旗？……………… 38
【名人有约】特约嘉宾：隋炀帝杨广……………… 39
【广告铺】义兵紧急招募令——征兵诏书——大家一起反了吧——拘捕令……………… 41

第3期　向长安前进

【烽火快报】兄弟联手，首战大捷……………………………… 43
【叱咤风云】一刀砍下谎言的头颅——能屈能伸能忽悠——李世民
　　　　　哭谏李渊——霍邑，血染的战场！……………… 46
【鸿雁传书】先攻河东，还是西入长安？……………………… 52
【百姓茶馆】李渊为什么不称帝？……………………………… 53
【名人有约】特约嘉宾：魏公李密………………………………… 55
【广告铺】论功行赏令——砍树换布——与民约法十二章——霍山
　　　　　山神将为我们助力……………………………………… 57
【智者为王】第1关………………………………………………… 58

第4期　乱世争王

【烽火快报】"三国"鼎立，一代帝王死于非命………………… 60
【绝密档案】谁取走了杨广的脑袋……………………………… 61
【百姓茶馆】禁卫军被人利用了？……………………………… 64
【叱咤风云】帝王满天飞，李渊也来凑一脚——李世民吃了一个
　　　　　大败仗——从哪里跌倒，就从哪里爬起——昔日的霸
　　　　　王，今日的臣子……………………………………… 65
【鸿雁传书】李渊逼我造反……………………………………… 72
【名人有约】特约嘉宾：宇文化及………………………………… 73
【广告铺】不吃公粮可当官——撤了刘文静的职——国舅归
　　　　　唐——另投明主……………………………………… 75

第5期　天下归唐

【烽火快报】狼真的来了！ ……………………………………… 77
【鸿雁传书】同为败将，待遇为何不同？ ………………………… 78
【叱咤风云】得民心者得粮食——为国家而战！——虎牢关，一战擒双王 …………………………………………………………… 79
【百姓茶馆】死灰复燃的"窦建德" ……………………………… 84
【名人有约】特约嘉宾：李世民 …………………………………… 86
【广告铺】奖励少林寺僧——庆祝秦王凯旋——耕战结合，兵农合一 …………………………………………………………… 88

第6期　手足相争

【烽火快报】太子也有两把"刷子" ……………………………… 90
【百姓茶馆】兄弟仨相争，谁赢谁输 ……………………………… 91
【叱咤风云】后宫美女也加入了斗争——太子造反了？ ………… 93
【鸿雁传书】父亲又骗了我 ………………………………………… 97
【名人有约】特约嘉宾：李元吉 …………………………………… 98
【广告铺】十八学士画像见面会——文学馆成立了——一个新的官职诞生了 …………………………………………………… 100
【智者为王】第2关 ………………………………………………… 101

第7期　决战玄武门

- 【烽火快报】真的要迁都吗? ……………………………… 103
- 【叱咤风云】一匹马引出的风波——斗不过，躲还不成吗？——挖不倒的墙角——决战前夕——天下真要易主？——玄武门！玄武门！ ……………………………… 104
- 【百姓茶馆】秦王中毒，谁下的手? ……………………… 105
- 【鸿雁传书】非得走到那一步吗? ………………………… 110
- 【文化广场】这就是玄武门 ………………………………… 119
- 【名人有约】特约嘉宾：李建成 …………………………… 121
- 【广告铺】关于将租调制改为租庸调制的通知——关于均田制的改革——寺庙拆迁通知 ……………………………… 123

第8期　太子党的下场

- 【烽火快报】秦王当皇帝了 ………………………………… 125
- 【百姓茶馆】太子党的下场 ………………………………… 126
- 【叱咤风云】不信世民言，吃亏在眼前 …………………… 127
- 【鸿雁传书】不信天子信鬼神 ……………………………… 129
- 【名人有约】特约嘉宾：唐太宗李世民 …………………… 131
- 【广告铺】大型顶尖歌舞剧《秦王破阵乐》——悼念亡兄亡弟——安民告示 ……………………………………………… 133

目录

第9期　最辉煌的胜利

【烽火快报】两国交兵，就抓来使……………………………… 135
【叱咤风云】一人吓退十万大军——最辉煌的胜利………… 136
【鸿雁传书】天赐良机，灭"突厥小弟"……………………… 137
【百姓茶馆】得人心者得天下…………………………………… 141
【名人有约】特约嘉宾：李靖…………………………………… 142
【广告铺】严禁重法，废除绞刑——官在得人，不在员多——庆功
　　　　　会——大唐天子天可汗……………………………… 144
【智者为王】第3关………………………………………………… 145

第10期　贞观盛世

【烽火快报】宰相驾鹤西去，太宗伤心欲绝…………………… 147
【绝密档案】最佳拍档，房谋杜断……………………………… 148
【叱咤风云】敢向皇帝叫板的人——慧眼识英才，布衣一夜变卿
　　　　　相——一条由精神病人引起的律令………………… 150
【鸿雁传书】纵囚归家，是场秀？……………………………… 152
【百姓茶馆】公主入藏，胜过百万雄狮………………………… 156
【名人有约】特约嘉宾：长孙皇后……………………………… 157
【广告铺】关于高昌国的通告——科举考试即将开始——太上皇去
　　　　　世，大明宫停工——封吐谷浑可汗为青海国王 ……… 159

第11期　最后的岁月

【烽火快报】又一个齐王谋反了 …………………………………… 161
【叱咤风云】玄武门之争又会重演吗？——"鹬蚌"相争，"渔
　　　　　　翁"得利 ………………………………………………… 162
【鸿雁传书】就剩这一块地方了 …………………………………… 165
【百姓茶馆】这里是世界的中心 …………………………………… 166
【文化广场】凌烟阁功臣图惊艳面世 ……………………………… 167
【名人有约】特约嘉宾：李治 ……………………………………… 169
【广告铺】招造船工人若干名——《兰亭序》仿真品——西游十七
　　　　　年，终于取得真经——安西都护府迁址了 ………… 171

第12期　魏征特刊

【编辑导读】五易其主，终遇明君 ………………………………… 173
【叱咤风云】不做忠臣做良臣——怕大臣的皇上——敢扣皇上的圣
　　　　　　旨——皇上想封禅，没门——魏征的"靠山"——谁敢
　　　　　　推魏征的墓碑？ …………………………………………… 174
【鸿雁传书】"讨人厌"的魏征 ……………………………………… 175
【百姓茶馆】这个魏征了不得 ……………………………………… 176
【名人有约】特约嘉宾：魏征 ……………………………………… 185
【广告铺】魏征谏言，字字珠玑——请羊鼻公吃醋芹——魏征去世
　　　　　有感 …………………………………………………………… 187
【智者为王】第4关 ………………………………………………… 188

智者为王答案 …………………………………………………… 189
李世民生平大事年表 …………………………………………… 191

第 1 期
公元615年—公元616年

皇亲国戚
李世民

穿越报
CHUANYUE BAO

【烽火快报】
- 皇帝被困，十六岁小兵疑兵化险

【绝密档案】
- 救驾小兵跟皇帝关系非比寻常

【叱咤风云】
- 自家表兄也不放心
- 以突厥之道，还治突厥之身
- 以少胜多，李世民救父

【名人有约】
- 特约嘉宾：李渊

【广告铺】
- 只劫富，不劫贫
- 何以解忧，唯有好马
- 上好兵器，买一送一

穿越必读 CHUANYUE BIDU

隋朝末年，隋炀帝骄奢淫逸、好大喜功，多次远征高句（gōu）丽（lí），还大兴土木，人民不堪重负，纷纷起义。所谓"乱世出英雄"，也就在这风雨飘摇、乱象横生的时代，一位伟大的英雄应运而生……

烽火快报

皇帝被困，十六岁小兵疑兵化险
——来自雁门的加密快报

公元615年八月，正是骄阳似火的季节，可我们大隋的皇帝杨广（即隋炀帝）才刚游完江南，又兴致勃勃地跑到塞北去巡视。

要知道，塞北的突厥人本就和我们大隋不和。皇帝此举，无异于羊入狼群。果然，没过多久，就有坏消息传了过来——皇帝被突厥数十万大军困在了雁门关（今山西省忻州市代县）！

得到消息后，朝廷立刻派三万援军急匆匆地赶去救驾。可是，三万人对数十万人，能打得过吗？谁也没有把握。

临行时分，一位年仅十六岁的小兵献上一计："我们现在的兵力单薄，不宜硬拼。不如来一个虚张声势，把队伍分成几股，每股多打几面旗帜，拉长队形，白天高举大旗，晚上鼓角相应。敌人以为救兵来了，必会望风而逃。"

援军依计而行，一路军旗招展，鼓声阵阵，一眼望不到头。那架势，每股至少有数十万大军。突厥人吓得果真把军队撤得干干净净。

那位聪明的小兵到底是谁呢？本报将为大家继续追踪报道。

雁门的加密快报！

绝密档案 JUEMI DANGAN

救驾小兵跟皇帝关系非比寻常

　　小兵救驾有功，关注他的"粉丝"一下多如牛毛。没过多久，他的身世就被"人肉"了出来。结果让人们大吃一惊——无名小兵居然跟皇帝关系匪浅！

　　原来，小兵名叫李世民，公元598年正月出生，他的曾祖父和祖父都是先朝身世显赫的贵族，父亲李渊是鼎鼎有名的唐国公。此外，李渊还有一个身份，那便是当今皇上的亲表哥。

　　李世民的母亲窦氏来自北周皇室，是周武帝的外甥女。据说她从小就聪明、见识不凡。北周灭亡时，她居然叹息道："只恨我不是一个男人，不能为舅舅报仇！"只可惜窦氏前两年（即公元613年）就去世了。

　　综上所述，李世民是正儿八经的皇亲国戚。

　　拥有如此显赫的背景，李世民和他的兄弟想不让人关注都难。

　　据说在他四岁的时候，有个自称会相面的先生对他的父亲李渊说："您是贵人，而且有贵子。"看到李世民后，相面先生又说："公子龙凤之姿，天庭隆起，等到二十岁时，必能'济世安民'。"之后，李世民这个名字就热乎乎地"出炉"了。

　　受家庭的影响，李世民从小熟读兵书、擅长骑射，像母亲一样聪明果断，像父亲一样不拘小节，如果不是出身贵族，说不定江湖上又多了一个有胆有识的大侠了！

百姓茶馆

十人就有九人反

杨广当皇帝才多少年，又是建新都、修大运河、造龙舟，又是亲征吐谷浑、远征高句丽，他是成天吃饱了没事干吧，怎么净想些花样，折腾我们这些老百姓啊？

豆腐店张大娘

这狗皇帝，弑父杀兄才当了皇帝，哪想得到我们老百姓的苦！这几年灾旱连连，几十个郡县颗粒无收，灾民无数，上头还要征粮，上次还抢了我家十几匹马！再这么下去，我不做生意了，造反算了！

中原马商王发财

嘘，小心说话！第二次征讨高句丽的时候，我们公子杨玄感不是闹兵变，结果被镇压了嘛。杨公子是什么人啊，他可是越国公杨素的儿子，当今的礼部尚书。连他都反不了，咱们小老百姓还是歇歇吧！

原杨府家丁

怕什么！现在十个人里面，有九个人造反！弟兄们，跟我走吧！我是瓦岗（今河南省安阳市滑县东南部）军的人，老大翟让是公认的好汉！现在我们聚集了一万多名英雄，把那狗皇帝赶下去，指日可待！

瓦岗军李五

鸿雁传书 HONGYAN CHUAN SHU

皇帝出尔反尔，气坏老夫

穿穿老师：

您好！当初陛下不幸被困雁门关时，他为了打败突厥，作出了种种承诺，只差没有说把皇帝位子给让出来了。结果您也知道了，我们不但赶走了突厥人，还抓了两千多名突厥兵，虽说都是些老弱病残，但也比没有好，算是打了一个小胜仗。

可是，大家眼巴巴地等着陛下封赏时，陛下却听信谗言，觉得赏赐太重，不想给了。我恳请他遵守承诺，他却将了我一军："你……难道是想收买人心吗？"

唉，苍天可鉴，我对大隋是忠心耿耿啊，却落得这么个评价，心里实在是不好受啊！

济北公 樊子盖

樊大人：

您好！首先恭喜你们凯旋。你们知道吗，这些战利品都是突厥人自己主动丢下来的。他们有个习惯，那就是军中的老弱病残都没有什么用，所以不是杀了，就是丢了，反正不会留着。

至于封赏一事，就连立下大功的李世民都没有得到什么封赏，其他人就更别有什么指望了。我只能说，自古一国之君，君无戏言，若不守信用，那天下人也不会对他忠诚了。

现在，您能够理解，为何天下起义的老百姓越来越多了吧！您老人家年过花甲，就不必为此事过于忧虑了，还是好好颐养天年吧！

《穿越报》编辑

【没过多久，樊子盖就去世了。】

自家表兄也不放心

经雁门之围这么一吓,杨广得了一个怪病,他每天晚上都会从噩梦中惊醒,还会大喊"有贼",需要几个宫女在旁轻拍慢抚,才能入睡。

宰相宇文述善于察言观色,趁机建议:"这年月北方战事不断,臣建议陛下移驾江都,那儿物产丰富,气候温和,陛下既可以养好身体,又可以避开危险。"

杨广正有此意,但又心存顾虑,便说:"朕如果去南巡,北面的突厥人再来骚扰,该怎么办呢?"

宇文述说:"太原是北方军事重镇,北面可以抵挡突厥军,南面可以保护洛阳和长安。若能守住,必无大事。"

杨广欣然同意,但派谁去镇守比较合适呢?

叱咤风云 CHIZHA FENGYUN

这时有人站出来说:"唐国公李渊有勇有谋,又是皇亲国戚,派他去镇守最合适不过了。"

杨广听了这话,斜睨着眼看了看李渊。他知道,李渊位高权重,如果再掌管太原兵权的话,无异于如虎添翼。一旦叛乱,会是一个大麻烦。但放眼整个朝廷,除了自己的表兄李渊之外,还真找不出第二个合适的人选。

于是,杨广笑呵呵地对李渊说:"那就你来替朕驻守太原吧!"

可是第二天,有个叫萧瑀的大臣跑到御花园,给正在赏花的杨广泼了盆冷水:"现在朝中大臣那么多,为什么偏偏让李渊去镇守太原呢?这些天来,宫外的孩子们都在唱'桃李子,得天下',说李家会取代杨家,取得天下。李渊姓李,您不怕吗?"

这萧瑀是萧皇后的弟弟,一直深得杨广的信任。他性子耿直,经常向杨广进谏。

杨广任用李渊本来是迫不得已,听萧瑀这么一说,吼道:"难道,你要朕把天下姓李的人都杀掉才甘心吗?"

萧瑀见杨广生气了,只好退而求其次,说:"我有个办法可以替皇上分忧。我有两个手下,绝对靠谱,一个是虎贲郎中王威,另一个是武牙郎将高君雅。臣可以把他们安排在李渊身边监视他。"

杨广听到这话才转怒为喜,让王威和高君雅担任太原副留守,跟在李渊身边。

嘻哈园

叱咤风云 CHIZHA FENGYUN

以突厥之道，还治突厥之身

公元616年九月，李渊出任太原留守（临时镇守某地之职，相当于地级市市长），当上了太原的"一把手"。因李世民表现出众，李渊把他带在身边。

太原是除长安、洛阳之外的全国第三大城市，可现在内有百姓造反之忧，外有突厥骚扰之患，说得上是个烫手山芋。

李渊决定先解决外患，于是带着兵马来到马邑（今山西省朔县）组建新军。

叱咤风云

> 这是我们同胞吗？

当地的太守王仁恭欢欢喜喜地跑去迎接，见李渊身后只有数千兵马，很不高兴："兵这么少，这不是找死吗？"

李渊说："你知道突厥人的长处是什么吗？"

"大人请明示。"王仁恭说道。

李渊说："突厥人善于骑射，有利则进，无利则退，精得跟猴似的；他们走到哪儿，兵营就安到哪儿，牛马是他们的军粮，没有后勤的困扰。而我们中原的军队却恰恰相反，怎么能不败呢？"

"那大人有什么高招呢？"

"只有一个办法，那就是'以其人之道，还治其人之身'！"

王仁恭见他言之有理，随即心服口服，当即交出两千多名善骑射的士兵，由李渊统一指挥。

新军组建后，士兵们全部都换上了突厥服装，就连起居饮食也与突厥人一模一样，还不时地在草原上搞搞赛马、射猎等活动，搞得突厥人还以为是自己人在搞活动。

新军适应了马背上的生活。一天，他们与突厥兵碰到一起。李渊一声令下，将士们就冲了过去，斩杀了上千名突厥兵。从此，突厥人对李渊又怕又敬。

以少胜多，李世民救父

解决了外患，李渊开始解决内忧——一队叫"历山飞"的农民起义军。

"历山飞"是该起义军将领魏刀儿的外号，军中有十几万士兵，不但善于攻城，而且很能打硬仗，在山西一带，是出了名的厉害。隋军多次镇压，都未能成功。

李世民跟随父亲李渊前去征讨"历山飞"。不巧，魏刀儿的部下甄翟儿也率军前来攻打太原。冤家路窄，两军竟在河西郡（今山西省汾阳市）一个叫雀鼠谷的地方碰上了。

雀鼠谷，顾名思义，地形狭窄，是一个只有麻雀、老鼠之类才能飞越、通过的地方。甄翟儿有两万多人，一路排下去，足足排到十多里外了，而李渊只有五六千人，实力悬殊，就连李渊的副指挥王威也吓得两腿发抖。

李渊见此笑了笑，告诉王威："不必担忧。这些人自以为打了几场胜仗，就天下无敌了。对付这样的人，只要略施小计就行了。"

说完，李渊开始布置兵马。先把老弱残兵放在中间，排成大阵，竖起多张旗帜，还搞了一个锣鼓队助威，并把财物丢在中间诱惑敌人。然后让精兵强将分成两批，在两边埋伏。

准备好了，开打吧！王威率领大阵首先发起攻击。

甄翟儿见对方帅旗飘飘，锣鼓喧天，以为是李渊的主力军

叱咤风云

队，带着起义军的精锐部队就冲了过去。

大阵中间的士兵本来就不经打，没几下，就败下阵来，连王威也差点成了俘虏。隋军的财物散了一地，起义军以为又一次大败隋军，兴奋不已，纷纷下马抢夺财物。

这时，埋伏在两边的精兵突然冒出来，发起攻击。甄翟儿的军队有点被打蒙了，乱成一团。李渊乘势追击。

但起义军的人马实在太多，把李渊围在了队伍中央。关键时刻，李世民及时出现，一路狂射，把父亲救了出来。

没多久，隋军的救兵到了。救兵一到，隋军声势大振，一仗打下来，起义军死伤惨重，光被俘的就有一万多人。后来，"历山飞"全军覆没，向李渊投降了。

这一战，李渊以少胜多，从此威名大振。李世民也因此更得父亲的器重和信任了。

名人有约 MINGREN YOU YUE

越越 大嘴记者

李渊 特约嘉宾

嘉宾简介：他出身贵族、门第显赫，七岁就当了唐国公，妻子也来自北周皇室。平民老百姓要是有这样的背景，估计做梦也会乐开了花。然而，这一切却是他烦恼的根源。

越越：恭喜唐公荣升太原留守。

李渊：多谢。其实也没什么好恭喜的。皇上任命我，正如我妻子说的，也是迫不得已啊！连杨玄感都起兵了，他还能信任谁呢？我们现在能远离长安，说不定是件好事呢。

越越：尊夫人高见。早就听说尊夫人不仅貌美，还有见识，是女人中的女人啊！

李渊：嗯，当年她的舅舅周武帝很宠她，想娶她的人多如牛毛，她父亲更是舍不得随便将她嫁了，要为她找一个万里挑一的"贤夫"。

越越：怎么个找法？比文采、比武艺，还是比什么？

李渊：当然是"比武招亲"了。我岳父在门屏上画了两只孔雀，要是有人能从门后面射中孔雀的眼睛，就把女儿许配给他。

越越：唐国公箭艺超群，曾连发七十二箭，杀贼七十二人，这个肯定难不倒你！

李渊：哈哈，没错。我不但射中了，而且是两箭各射中一只眼睛。

越越：精彩！宝刀赠英雄，英雄配美人，唐国公与夫人，乃天作之合啊！

李渊：嗯，上天赐给了我一位好夫人。要不是她，我的脑袋早就保不住了。

越越：这话怎么说呢？

名人有约

李渊： 我这人呢，很喜欢马，只要一打听到哪里有好马，都会想办法把它弄回来。我夫人从前也不反对，但杨广一登基，就变了。

越越： 这跟您的马有什么关系？

李渊： 小兄弟有所不知啊，杨广也喜欢马啊！我夫人说，我有了好东西不献给皇上，迟早会给家里带来祸端，要我赶紧挑几匹良驹送给皇上。

越越： 夫人在深宅大院，也懂得拍马屁啊……

李渊： 我只当她是发牢骚，并没有放在心上，没过多久，我果然被杨广教训了。想起夫人的话，我赶紧给杨广献了几匹宝马，这才重新受到重用。

越越： 看来"伴君如伴虎"啊，连个爱好都要看人眼色。依在下看，唐国公性格很好，皇上为什么不喜欢你呢？

李渊： （长叹）唉，还不是因为他姓杨，我姓李？

越越： 难道是因为那首，（唱）"桃李子，有天下……"

李渊： 就因为这破歌，有好几个姓李的大臣，被杨广灭了全家！比如李浑、李敏……被迫逃亡的人，那就更多了。现在我手握重兵，更成了他的眼中钉。

越越： 这也太不靠谱了，天下姓李的人这么多，难道要把所有姓李的人都杀了不成！

李渊： 唉……不知道。有一次，我生病没有上朝，他居然问："病了？会不会死啊？"

越越： （捂嘴）太危险了！唉，不说这恐怖的事了。说说您儿子吧。

李渊： 我有四个儿子，也就是李建成、李世民、李元吉几兄弟。您想了解哪一个？

越越： 你怎么只说了三个，还有一个呢？

李渊： 不提也罢，三子玄霸在十六岁的时候不幸夭折了。

越越： 不好意思，让您想起伤心事了。那您就说说您最喜欢的儿子。

李渊： 每个儿子都是亲生的，哪有不喜欢的道理呢？

越越： 哎呀！本来想多问问您家二公子的事，我妈妈喊我回家吃饭了，下次我给他做个专访吧！唐国公，再见了！

广告铺

只劫富，不劫贫

各位英雄，世道不公，逼得我们落草为寇。为了养家糊口，为了能活下去，我们不得不做一些从前不愿意做的事。但是，东郡是我们的家乡，我们不能侵犯自己的乡里乡亲，也不能侵犯穷苦百姓，要抢就抢官船、抢有钱人。若发现有违此令者，定斩不饶！

瓦岗军指挥部

何以解忧，唯有好马

如果你是一名士兵，有了千里马，就可以助你上阵杀敌，所向披靡。

如果你是一名普通老百姓，有了千里马，便可以助你快速搬家，保住性命！

本马场有上好的千里马若干匹，可以替你解除以上烦忧。数量有限，欲购从速。

千里马场

上好兵器，买一送一

战况连连，如果你现在没有足够的武器，如果你的兵器没有别人的好，如果你买不到合适的兵器，现在机会来了，现本厂生产了大批上好的武器，如弓箭、长枪、长矛、大刀、长剑、短剑，买一送一，任君挑选，可以团购哦！

必胜兵器厂

穿越报
CHUANYUE BAO

第 2 期
公元616年—公元617年

劝父起兵

【烽火快报】
- 县令被关起来了

【绝密档案】
- 贵公子变成了山大王

【叱咤风云】
- 李世民探监谋天下
- 打了败仗，李渊何去何从
- "贼喊捉贼"，晋阳宫事变
- 为天下，称臣又何妨

【名人有约】
- 特约嘉宾：隋炀帝杨广

【广告铺】
- 义兵紧急招募令
- 征兵诏书
- 大家一起反了吧
- 拘捕令

穿越必读 CHUANYUE BIDU

在各地起义军的沉重打击下，隋朝岌岌可危。目睹天下局势，李世民决定起兵反隋，而这一切需要父亲的支持。但是，父亲为人保守、行事谨慎，李世民该怎么办呢？

烽火快报 FENGHUO KUAIBAO

县令被关起来了
——来自晋阳的快报

快报！快报！

没有了内忧，也暂时没有了外患，李渊开始招兵买马。由于他待人宽厚，身边很快聚集了一批英雄豪杰。

这些人有出身高贵的，也有流浪江湖的，如长孙无忌（即李世民的妻兄）、武士彟（yuē）（即武则天的父亲）、刘文静（晋阳县令）等人。李世民与他们来往密切，对他们是百般照应，有的甚至可以随便出入李世民的卧室。大家和他结为了生死之交。

可是突然有一天，一个消息砸了过来——刘文静被人抓起来了！

怎么回事？刘文静不是晋阳县令吗？堂堂朝廷命官怎么会被抓起来呢？原来，刘文静还有一个身份——朝廷重犯李密的儿女亲家！

前段时间（即公元616年），皇上乘龙舟去江都游玩，玩得正高兴，李密却领着瓦岗军趁机占据了洛口（今河南省巩县东北），截断了皇上西归之路。

皇上回不去，一怒之下根据"连坐"的规矩，将李密的亲朋好友抓起来顶包。就这样，刘文静被抓进了太原监狱。

JUEMI DANGAN 绝密档案

贵公子变成了山大王

这李密是什么人,居然敢惹皇帝生气?记者经过深入打探,摸清他的底细后,吓了一大跳!

原来,这个李密的来历非同小可,跟李渊一样,也是货真价实的顶级贵族出身。而他自己本人呢,更是文武双全,常以救世济民为己任。那是什么原因让他从一介贵公子变成了一个山大王呢?

说起来,这事还是杨广造成的。李密最初在杨广身边当侍卫,因为多看了杨广几眼,杨广便认为他不老实,将他打发了出去。

李密就干脆什么都不干了,待在家中读书。有一次,他骑着一头黄牛去拜访老师,并把一部《汉书》挂在牛角上,自己一手牵着缰绳,一手捧着书,边走边看(成语"牛角挂书"的来历)。

当朝宰相杨素看见了,认为他好学上进,对他很欣赏,便把自己的儿子杨玄感介绍给他,还说:"李密的学识气度,你们都赶不上。"杨玄感于是和李密结为好友。

杨玄感起兵反隋后，好哥儿们李密就成了他的军师。后杨玄感兵败身亡，李密四处躲藏，最后投奔了瓦岗寨。

瓦岗寨的"老大"叫翟让，原本是东都的一个法曹，因犯了事，就跑到瓦岗寨，拉着自己的两个老乡单雄信和徐世勣（后改名李勣），扯起了造反大旗。由于他们只抢官船和有钱人，很快手下就聚集了一万多人。

李密来到瓦岗寨的时候，没人喜欢他，大家认为他是贵族出身，跟大伙不是一路人。

为了证明自己的诚意，李密主动跟翟让说，他愿意去说服瓦岗寨周边的义军，劝他们归顺。

几个月后，李密果然不费一兵一卒，说服多支队伍加入了瓦岗寨，这让兄弟们对他刮目相看。

瓦岗寨日益壮大后，很快就在反隋的义军中脱颖而出，成了"名牌"。

紧接着，李密又率军攻取了当时全国最大的粮仓——洛口仓，并开仓放粮。一时间，瓦岗寨军队声势大振，前来依附他们的人，像流水一般，有十万之多。

翟让见李密有才学、有胆识，就将"老大"的位置大大方方地让给了他，尊称他为"魏公"。

李世民探监谋天下

听说好朋友刘文静被关进了监狱,李世民第一时间就赶到狱中探望。在他看来,刘文静不仅身材高大、仪表堂堂,而且有谋略,是个可以图谋大事的奇才。

刘文静对李世民也极为钦慕,曾跟自己的好友裴寂说:"李世民不是一般人啊,他性情豁达,有如汉高祖刘邦;威武神通,有如魏武帝曹操。他年纪轻轻,就文武双全,将来一定是个扬名立万的大人物!"

见李世民不怕受牵连,跑来看望自己,刘文静说:"当今天下大乱,如果没有汉高祖刘邦、光武帝刘秀那样的人物出现,恐怕难以搞定啊!"

李世民说:"你怎么知道没有这样的人呢?只是一般人看不出来罢了。今天我来探望你,主要是想与你共商大计,你有什么好想法吗?"

刘文静说:"如今李密已经包围了东都洛阳,皇上远在江南,到处都有人造反,现在是打天下的好时机。老百姓为了逃避战乱,纷纷来到太原,一旦把他们聚集起来,将有十万多人。你父亲的手下也有好几万人,只要一声令下,谁敢不从?到时乘机攻入关中,号令天下,不到半年,就可以得天下了!"

李世民高兴地说:"刘兄的话说到我心里去了!"两人一拍即合,暗中筹划起义,等候良机。

鸿雁传书 HONGYAN CHUAN SHU

如何劝父亲大人起兵？

穿穿老师：

您好！当今皇上昏庸无道，百姓穷困，盗贼四起。我有心济世安民，推翻暴君，无奈父亲大人为人保守，行事谨慎，不肯配合。

为了让杨广放心，父亲天天喝酒、玩乐，生怕一不小心让杨广摘了脑袋。如此提心吊胆地过日子，何时是个头呢？

前几天，我跟他谈了一下起兵的事，他把我劈头盖脸一顿臭骂，并警告我不许对任何人说起。

唉，您赶紧帮我想个办法，让我父亲大人起兵吧！老百姓已经等不及了。

李世民

李公子：

您好！您如此为民着想，天下百姓都会感动的。既然自己能量有限，那就借力吧！

您父亲身边不是有个叫裴寂的人吗？这人跟您父亲交情深厚，常在一起喝酒、下棋。要是能请他出马说服您的父亲是再好不过的了。

裴寂这人虽只是晋阳行宫的一个小官，身边却有不少美女资源，那些可都是皇上的女人啊！若是不小心沾染上的话，可是杀头的大罪。

你这么聪明，应该知道怎么做了吧？

《穿越报》编辑

【之后，李世民请了个人与裴寂赌博，故意每次都输钱，收买裴寂。一次，裴寂趁李渊喝醉酒后，让宫女服侍他就寝。李渊醒后大惊，在裴寂的再三劝说下，李渊有所动摇。】

打了败仗，李渊何去何从

就在李渊犹豫的时候，突厥人又来"拜访"马邑了。这一次，李渊派副将高君雅和王仁恭抗击突厥人。结果两人交战不利，战败而归。

李渊怕被治罪，整天忧心忡忡。果然，没过多久，杨广派使者宣李渊进京，听候处置。

宣旨的那天晚上，李世民再次来到父亲的书房，说："您若还是瞻前顾后，我们就没命了，还不如现在就反了。再说，我们拥有晋阳这样的好地方，要粮有粮，要兵有兵，天时地利人和，这是上天赐给我们的机会。就让我们转祸为福，成就功业吧。"

李渊听后大惊，厉声说道："你怎么敢说这种大逆不道的话？我要把你送去官府治罪！"

叱咤风云 CHIZHA FENGYUN

李世民不惊不惧,镇定自若地说:"事情到了现在这个地步了,我才敢这么说。父亲要告就告吧,我也没什么好怕的,大不了就是一死!"

李渊又低声说:"你是我的爱子,我怎么忍心去官府告你,只是你以后说话要谨慎啊!"

第二天,李世民又劝李渊:"父亲奉旨讨伐乱贼,可是造反的人越来越多,您杀得完吗?就算您杀完了,立了功,皇上猜忌心这么重,您的处境只会更危险!只有照我说的做,才是唯一的出路。"

李渊犹豫了很久,才叹息说:"昨天晚上,我想了想你说的话,觉得很有道理。从现在起,是家破人亡还是变家为国,就听你的啦!"

"贼喊捉贼",晋阳宫事变

好不容易,李渊下定了造反的决心。这时杨广又下了第二道圣旨,说免了李渊的罪。李渊又开始动摇起来。

就在此时,王仁恭的手下刘武周发动兵变,杀死了王仁恭,占据了皇帝的行宫——汾阳宫,自立为天子。杨广大怒,又要将李渊送到江都治罪。

危急之下,李世民说:"连刘武周这种小人都造反了,您身为太原留守,再不动手,恐怕要大祸临头了。"李渊的手下也纷纷劝李渊起兵。

李渊立即召开了一次大会,他在会上说:"刘武周把汾阳宫给占了,我们本该出兵攻打。但地方上用兵,一般要皇上批准才可。如今刘武周就在身边,皇上却远在千里之外,要等到圣旨,不知何年何月了。"

王威和高君雅听了,赶紧表示:"唐国公是皇亲国戚,如此危急关头,一切都听唐国公的。"

李渊假意推辞一番后,立即下令,火速招兵,对付刘武周。

命令一下,李世民就把刘文静从牢里放了出来,两人一鼓作气,短短十天,就招募了数万人。李世民的哥哥李建成和弟弟李元吉原本在河东打仗,也被召回了太原。

这时王威和高君雅也不

叱咤风云 CHIZHA FENGYUN

是傻子，开始怀疑李渊的动机，打算除掉他，向杨广邀功。

可是，要除掉李渊，手上得有兵才行。于是两人找到晋阳乡长刘世龙，请他帮忙。他们哪知道，刘世龙早就是李渊的人了。两人前脚刚走，刘世龙后脚就跑到李渊那里告了密。

李渊知道后，决定先下手为强。当天晚上，他通知王威和高君雅，让他们明天一早到晋阳宫开会。同时，让李世民派兵埋伏在晋阳宫外。

第二天早上，李渊和王威、高君雅三人来到晋阳宫。刚坐下，刘文静带着司马刘政突然跑进来，大声喊道："收到密状，有人想造反。"

李渊示意王威取状纸来看。刘政却不愿意，说："告发的正是副留守，只有唐国公才能看。"

李渊故作惊讶说："怎么会有这样的事情？"接过诉状一看，立刻高声宣布："王威与高君雅暗中勾结突厥，该当何罪？"

王威和高君雅一下子蒙了，好半天才明白中了李渊的圈套。

高君雅挽起袖子大骂："你这是贼喊捉贼，明明要造反的人是你！"两人还想争辩，李世民带着早已埋伏好的军队冲了出来，将二人抓进了监牢。

过了两天，果然有数万突厥骑兵来攻打晋阳。李渊派裴寂等人应战，下令把各城门全部打开，玩起了"空城计"。

突厥人见城楼上没有旗帜，没有士兵，连说话的声音都没有，不知道虚实，不敢进去。这下老百姓真以为是王威和高君雅把突厥人招来的。李渊便"名正言顺"地把他俩杀掉了。

XIHA YUAN 嘻哈园

叱咤风云 CHIZHA FENGYUN

为天下，称臣又何妨

接连好几天，突厥人摸不清李渊葫芦里卖的什么药，便在周边抢掠一番后，离开了。

然而，李渊并不放心突厥人。因为现在的目标是进攻长安（今陕西省西安市），夺取天下。而突厥人是太原的"常客"，如果他前脚刚走，突厥人后脚就踏进了自己的大本营，或者在后面给自己捅上一刀，后果不堪设想。

怎么办？能把突厥人彻底打败吗？明摆着不可能。

经商议，李渊决定向突厥示好，并亲自给始毕可汗写了一封长长的信，最后，还在信封上写下"始毕可汗启"几个字。

有人马上抗议，说突厥人不识字，不如改"启"为"书"。因为"启"一般是以下对上，而"书"是以上对下。李渊这么写，有点"称臣"的意思了。

李渊不以为然，笑道："突厥那边也有不少汉人。我向他们示好，他们未必相信，一旦猜忌，更加难以收拾。况且，这只是一个字，不值一钱，我千金都给了他，还在乎这一个字吗？"

写完信，李渊又附上厚礼，派刘文静前去谈判。

叱咤风云

始毕可汗看到书信，果真深信不疑，问："唐国公起兵，是想做什么？"

刘文静回答："天下大乱，唐国公担心王室毁灭，所以起兵。唐国公希望与可汗的兵马一同进入京师，百姓、土地归唐国公，美女跟财物归可汗所有。"

始毕可汗一听，非常开心，立即派使者送了一千匹战马到太原交易，并许诺派兵相助，派多少兵由李渊决定。

李渊恭恭敬敬地接待了使者，不仅送了一堆厚礼，还买了一半的马匹。

有的将士想用自己的钱把其他的马匹买下来，李渊说："胡人的马很多，但他们贪得无厌。要是以后总是找你买，你就买不起了。我现在少买些，是向他表示我们很穷，也不急着用。要买的话，也是我掏钱，不会让你们破费的。"大家这才明白李渊的良苦用心。

为了防止突厥人与刘武周勾结，进犯中原，李渊派刘文静第二次出使突厥，请求发兵，私下里却反复叮嘱他：突厥人一直祸害中原，请他们出兵相助，只是为了壮大声势，他们的马好，可以多要些，兵就不要太多了，几百个人就够了。事后，突厥果真派了五百名士兵和两千匹战马相助。

打通了突厥这一关，解除了后顾之忧，李渊开始向关中进发了。

百姓茶馆 BAIXING CHAGUAN

竖红旗，还是竖白旗？

既然是另立山头做大事，当然不能用以前大隋的旗帜了。突厥人崇尚白色，我们想讨好突厥的话，就用白旗吧。当年武王伐纣，用的就是白旗。我家大人也是这么建议的。

裴寂的手下

李渊的士兵甲

我们将军说了，周武王伐纣，在牧野一战时，旗子不过是临时制作的，没有什么特殊的含义。既然大隋用的旗帜是红色的，突厥人用的是白色的，我们要用一面红白相间的旗帜。

李将军这个主意极妙，如此一来，就表示他不属于隋朝，也不依附突厥。但两边却又都能讨好。虽然他自己也说，这个是掩耳盗铃的做法，但事情到了这个地步，也不得不这样做了。

李渊的士兵乙

李渊的士兵丙

你们还别说，当我们把那红白旗插上之后，红白相映，就像一大片桃花、李花，还真像那首《桃李章》唱的那样呢！莫非我们李将军真是真龙天子？

名人有约

MINGREN YOU YUE

越越 大嘴记者

隋炀帝杨广 特约嘉宾

嘉宾简介： 世上的皇帝有四种，一种是明君，有才有德；一种是昏君，无才无德；一种是庸君，有德无才；一种是暴君，有才无德。而杨广恰恰就是第四种皇帝。他才华满腹，富有理想，却滥用民力，荒淫无道，好大喜功，以致天下大乱，起义不断，曾经显赫一时的大隋江山，在他的手里岌岌可危。

越越：皇上，这一向可好？

杨广：原来还有人记得朕是皇上啊。好，好，好得很啊！

越越：您现在坐的就是所有人梦寐以求的龙椅啊，谁敢不把您当皇帝呢？

杨广：（怒）要是都把朕当皇上，怎么还会起兵造反呢？当铁匠的（编者注：其指山西的王薄于公元611年起义）造反了，宰相的儿子（编者注：其指杨玄感）造反了！十个人里面，起码有九个人造反！他们还把朕放在眼里吗？

越越：老百姓如果过得好好的，怎么会造反呢？陛下是不是应该反省一下自己？

杨广：朕乃一国之君，有什么好反省的。朕倒觉得，这是因为天下的人太多了，这人一旦多了，聚在一起，就会生事。所以，只有一个办法，就是减少人口，人少了，造反也就没人了！

越越：噢，那您打算让老百姓少生几个孩子？

杨广：生孩子这事朕管不着，但谁要是造反，朕倒是可以杀几个，反一个杀十个，反一双杀两千。总之，宁可错杀一千，不可放过一个！

越越：（无奈）那现在造反的人这么多，您打算派谁去镇压呢？

杨广：说真的，朕现在是谁也不信了，只要手里有了兵，他们

名人有约 MINGREN YOU YUE

就不安分了。那杨玄感能造反，还不是仗着朕给了他十万兵马？李渊能造反，不也是仗着朕给了他三十个郡的兵？提起朕这个表兄，朕就后悔莫及，朕早就怀疑他不安好心了！

越越：陛下怀疑他，有什么证据吗？

杨广：傻小子，知道现在最流行的歌曲是什么吗？

越越：是这首吗？（开始唱）"三月三日到江头，正见鲤鱼波上游。意欲持钓往撩取，恐是蛟龙还复休。"

杨广：朕说的不是这首……（大喜）哎呀，好小子，居然会唱我的歌，这是我填的词。哈哈，看来朕的才华天下共知啊！

越越：可是，大家都觉得这首歌很不吉利噢，"鲤"与"李"同音，依照诗中的说法，那姓李的人以后不是会化龙夺位吗？

杨广：（转喜为愁）说到这个朕就不舒服，还是说点令朕身心愉快的事吧。

越越：（想了又想）自从这个京杭大运河通了之后，南北交通方便了很多。这都是托皇上的洪福。

杨广：那是自然。其实朕起初只是想方便自己游玩而已，没想到百姓如此厚爱，真是不好意思。说吧，老百姓还说了朕啥好话？

越越：（擦了一把额头上的汗）皇上真心想多了。

杨广：唉，算了，估计没好话。可惜朕这个大好的脑袋，将来不知道会落在谁的手上啊！还是趁着脑袋还在这脖子上的时候，好好享受一番吧。（起身欲走）

越越：皇上，我还有很多问题要问您呢！

杨广：这些琐事我懒得应付，让大臣们去做好了。不然朕花钱养那些大臣干吗？你别啰嗦了，朕打算再去江都巡查一下，朕的妃子们都已经打扮好了，在后宫等朕出发呢！记者先生再见啦！

40

广告铺

义兵紧急招募令

眼下,逆贼猖狂,皇上却远在三千里外的江都。而太原士兵多是老弱病残,逆贼一旦攻入,后果不堪设想。当务之急是讨伐逆贼。原太原县令刘文静虽为朝廷要犯,但熟悉太原事务,现将他暂时释放出狱,为我军招募义兵,戴罪立功。

太原留守李渊

征兵诏书

值辽东大乱之际,现急需征兵若干名,太原、雁门、西河、马邑等地,凡年龄在二十岁以上,五十岁以下者,统统入伍。特此诏告天下。

杨广

(编者注:本诏实为李渊造假。)

大家一起反了吧

兄弟们,姐妹们!我们居无定所,贫困交加,狗皇帝不知体恤百姓,还要讨伐辽东,看样子是不想让我们活了,去辽东也是死,造反也是死,不如反了吧!欢迎大家前来报名!

马邑起义军

拘捕令

太原留守李渊大逆不道,举家造反,其行为当株连九族。现进行追捕,平民百姓,有知其下落者,若向官府报告,定当重赏。

大隋兵部

穿越报 CHUANYUE BAO

第 3 期 公元617年—公元618年

向长安前进

李世民

【烽火快报】
- 兄弟联手，首战大捷

【叱咤风云】
- 一刀砍下谎言的头颅
- 能屈能伸能忽悠
- 李世民哭谏李渊
- 霍邑，血染的战场！

【名人有约】
- 特约嘉宾：魏公李密

【广告铺】
- 论功行赏令
- 砍树换布
- 与民约法十二章
- 霍山山神将为我们助力

【智者为王】
- 第1关

穿越必读 CHUANYUE BIDU

在李世民的劝说下，李渊终于在太原起兵。现在，与他们对抗的，不仅仅是各路起义军，还有隋朝的皇家军队。真正的战斗开始了！李渊父子能够顺利入关，夺取他们梦想的长安吗？

FENGHUO KUAIBAO

烽火快报

兄弟联手，首战大捷
——来自西河的加密快报

自己的表哥公开造反了！消息一传来，杨广气得都要吐血了，急忙令高德儒守住西河郡（今山西省汾阳市）。无论如何，一定要把李渊拦住！

如果李渊连西河都攻不下，想进长安？那是做梦！

因此，李渊把这个重大任务交给了自己的两个儿子——李建成和李世民，并一再嘱咐："你们年轻，没经验，凡事要多商量。这一战，正是考验你们能力的时候，一定要好好打啊！"

兄弟俩当即立下军令状，说："如果攻不下西河郡，愿受军法处置！"

结果，不到九天的时间，他们就攻克了西河郡，抓住了高德儒。

要知道，开战之前，兄弟俩带的兵全都是新招募来的老百姓，没受过任何军事训练。他们是如何将一盘散沙，训练成铁军的呢？

记者一路追踪，了解到这样一些消息：原来，一路上，兄弟俩不但与士兵同吃同住、打成一片，还立下军令，严禁骚扰百姓，不拿百姓一针一线，不采百姓一瓜一果。

士兵成了李氏兄弟的铁杆"粉丝"，军队走到哪里都受老百姓欢迎，怎么可能输呢？

一刀砍下谎言的头颅

抓住高德儒之后，李世民大骂道："你指鸟为鸾，欺上瞒下，骗取高官厚禄，我们兴义兵，要杀的就是你们这帮奸佞之徒！"说完，一刀就把高德儒砍了。

李世民为什么这么骂高德儒？

原来，高德儒以前只是京城一个小小的亲卫校尉。有一天，洛阳西苑的两只孔雀飞了出来，落在朝堂前，正巧被高德儒碰见。

高德儒便向杨广奏报说有彩鸾来朝，是祥瑞之兆。

其他人也知道杨广好大喜功，便随声附和："确有此事！确有此事！"

这时孔雀已经飞走了，高德儒说的是真是假，也无法验证。

杨广一高兴，升了高德儒的官，还赏他一百匹绸缎。与他

孔雀是还彩鸾,我说了算!

一起溜须拍马的人,也得了不少好处。此外,杨广还特意命人在"鸾凤"停留的地方,修了一座仪鸾殿。

这样的人,他的部下也早就看他不顺眼了,李世民一来,他们就像看到亲人一般,开了城门并将高德儒五花大绑,当礼物送给了李世民。

李世民虽然把高德儒杀了,但对其他官员,却是一律以礼相待,谁都不杀,还一个个官复原职,活照样做,薪水照样发。因此,各地官员对他们也是心悦诚服。

对这样的结果,就连李渊也大感意外,赞叹说:"这样用兵,就是横行天下也没问题了!"

能屈能伸能忽悠

第一战凯旋后，李渊也向李密学习，下令开仓济民。不少人跑来投奔他，李渊一股脑儿全都接纳，凡是有点能力的，不管是"山大王"，还是平民，个个都封官。这样一来，李渊爱才、惜才的美名就传开了。

就在李渊准备进军长安的时候，李密给他发来一封信。

因为打了几个大胜仗，如今的李密再也不是逃亡犯，而是瓦岗军这支"头牌"起义军的"一把手"了。也就是说，各路

 叱咤风云

起义军义士见了他,都得叫他一声"大哥"。

所以,李密的信是这么写的:我与你都姓李,五百年前是一家人。小弟我才疏学浅,却承蒙各路英雄看得起,推为盟主,希望也能和你一起,同心协力,共图大业。

信中还要求李渊亲自去一趟河内郡,当面与他签下盟约。

这个要求实在无礼,因为李密是"老大",李渊同样也是"老大"啊。奇怪的是,李渊不但没有生气,反而笑着说:"李密妄自尊大,如果现在跟他翻脸,我就多了一个敌人。不如先假装讨好他,让他骄傲自大,不把我放在眼里。"

李渊马上给李密回了封信,信中亲切地称李密为"弟",还说李密才是一统天下的真命天子,自己去攻打长安,只是为了帮助李密完成帝业。

这么一忽悠,李密果然非常高兴,说:"连唐国公都推我为盟主,天下还能搞不定吗?"

从此,李密就一门心思地攻打洛阳去了,而李渊终于可以放心大胆地进军长安了。

叱咤风云

李世民哭谏李渊

忽悠好李密，李渊让李元吉留守太原，自己带着李世民和李建成率领三万大军，向终级目标——长安，出发！

要想到达长安，必须闯过两关。一关是霍邑，另一关是河东。

将士们一个个意气风发，浩浩荡荡地向霍邑前进。谁知，队伍走到雀鼠谷（这个地名很熟吧），遇到了两个大麻烦。

第一个麻烦是，大雨一直下个不停，道路坑坑洼洼，车马难行，粮草一时跟不上。

第二个麻烦是，有人传来情报说，刘武周勾结突厥人，正在进攻李渊的大本营太原！

是进还是退？李渊犹豫不定，赶紧召集将领开紧急会议。

裴寂说："霍邑地形险要，恐怕一时很难攻下；太原是我们的立足之地，士兵的家属都在那里，如果没了，后果很严重，不如暂且回去。"李渊也担心粮草跟不上，同意打道回府。

李世民却反对说："我们刚刚和突厥结盟，刘武周攻打太原这事，未必是真的。至于粮草，现在正是秋收季节，田野里到处是成熟的小麦、高粱、稻谷和草料，还怕没粮草、没饭吃？"

"我们本来是想救黎民百姓于水火之中，如果遇到一点小

困难就后退，岂不叫人失望？恐怕回去之后，大家成了人人喊打的反贼，连命都没了！"

最后，李世民再次表明决心，说："如果没有攻下霍邑，我愿意以死谢罪！"

然而，众人反复商议之后，还是决定撤兵。

李世民听到消息后，大惊失色，晚饭都没来得及吃，就跑去找父亲。谁知侍卫说李渊正在睡觉，不能打搅。

眼看宏图大业就要毁于一旦，李世民越想越急，忍不住跪在李渊大帐外痛哭起来。李渊听到哭声，这才将李世民召入帐内，问他为何如此伤心。

李世民说："既已起兵，有进无退。进则生，退则死，现在您要退兵，我怎么能不哭呢？"

李渊说："怎么会死呢？"

李世民说："行军打仗，靠的全是士气。一旦退回，士气丧尽，军心涣散，敌人前后夹击，我们还能活命吗？"

李渊一听，恍然大悟，叹息着说："可是左军已经出发了怎么办？"

李世民说："左军虽然出发，但是还没走远，请让我们去追回来。"

于是李世民、李建成连夜骑马一路向北，将已经出发北上的左军全部追了回来。

霍邑，血染的战场！

等到八月初，雨终于停了，粮草运到了，铠甲、器械、行装都晒干了，一切都准备齐全，李渊才率大军从山下小路进发，来到霍邑城前。

阳光灿烂，正是打仗的好日子。可惜，霍邑易守难攻，守将宋老生闭城不出，这一仗根本打不起来。

当然，这可难不倒李渊。他先是带兵在城外五六里处扎了营，然后让李建成、李世民带着十几队骑兵来到城下，大摇大摆地跑来跑去，做出一副要将霍邑包围的样子。

最要命的是，他找出几个伶牙俐齿的士兵，像泼妇一样，往阵前一站，将宋老生骂了个狗血淋头，什么难听骂什么。

宋老生听了，明知是挑衅，还是忍不住恼羞成怒，亲自率领三万兵马，从东南

叱咤风云

两门冲了出来。

见鱼儿上了钩，李渊不动声色，赶紧命令部队后退，装作一副害怕的样子。

哈，还没交战，就开始退了！追！

宋老生一路狂追。直到李世民兄弟俩的兵从后面追了上来，前面的兵掉了个头，他才发现自己成了"夹心饼干"，进退不得。

这一战，打得相当激烈。李世民冲在最前面，手握双刀，左砍右劈，两把刀都砍出了缺口，敌人的鲜血溅满了衣袖，他只是轻轻地甩甩衣袖，又投入战斗。将士们见了，无不振奋。

就在两军打得不可开交的时候，李渊心生一计，命人大叫："抓住宋老生啦！抓住宋老生啦！"

隋军将士真以为主帅被抓，顿时军心大乱，争相奔向城内。

到了晚上，在没有任何工具的情况下，将士们发起了总攻。他们光着胳膊，冒着石头、滚木和弓箭，登上城楼。血战了整整一夜，终于攻克了霍邑城池。

战争结束后，看着遍地的尸体，作为战争的胜利者，李渊并不高兴，而是动情地说："这些人也有亲人啊！以后攻城，能不动刀动枪，就不要动！尽量和平解决！"

对战死的宋老生，李渊以高规格的（相当于省长一级的）待遇，厚葬了他。

鸿雁传书 HONGYAN CHUAN SHU

先攻河东，还是西入长安？

穿穿老师：

您好！攻下霍邑之后，我们一路南下，现在已经打到黄河了，过了河关中就唾手可得。但河东有隋将屈突通守着，他手下有不少精兵，相当难对付。

现在军中意见不一。裴寂主张先攻河东，再入长安，可时间宝贵，要是把精力耗费在屈突通身上太可惜。世民主张不管河东，直奔长安，可我又怕屈突通在后面给我们来一闷棍，功亏一篑。现在他们吵得不可开交。这一战也是决定能否攻取长安的最后一战，非同小可。您说，到底是先围攻河东，还是先西入长安呢？

李渊

李大人：

您好！我觉得裴大人和二公子的分析都很有道理。

屈突通的实力不可低估，如果没有攻下长安，您可能会陷入腹背受敌的境地。但二公子说的也没错，"兵贵神速"，你们士气正旺，若是一鼓作气，完全可以轻轻松松地搞定长安，就像搞定树上的枯叶那么容易。

两个人没有谁对谁错，只是一个过于保守，一个过于激进，为何不综合两方意见，取长补短呢？或许这样您能够做出更好的决定。

《穿越报》编辑

【最后，李渊兵分两路，一路继续围攻河东，一路悄然渡过黄河，以令人咋舌的速度，攻克了长安。】

百姓茶馆

BAIXING CHAGUAN

李渊为什么不称帝？

盼星星盼月亮，终于盼来了李大人。听说大臣们都请求让李渊称帝呢，可是李渊不同意。这就奇怪了，既然都明目张胆地起兵了，为什么还要在意这些虚头巴脑的东西，不反到底呢？

茶叶店小二

因为杨广还没死呢，虽然他残暴不仁，但还是正统的真龙天子啊，而且长安是军事重地，各路义军都虎视眈眈，如果李大人这时候称帝，不就成了众矢之的吗？

绸缎店小二

李大人是聪明人，当然不愿意当靶子了。所以，他把十三岁的代王杨侑立为恭帝，还把杨广当作太上皇一样对待。借皇族的名义控制天下，名正言顺！

士兵丙

说的没错，称不称帝都一样，反正小皇帝才十几岁，真正的大权掌握在他手中。听说小皇帝登基的时候，李渊给了他一张纸，纸上列的是将要册封的各位大臣的名字和职位。小皇帝就按照上面写的册封。李渊上朝时，还可以佩带宝剑，行礼时不必通报姓名。唉，小皇帝不过就是一个傀儡皇帝而已。

杜康酒庄庄主

嘻哈园 XIHA YUAN

MINGREN YOU YUE 名人有约

 越越 大嘴记者

魏公李密 特约嘉宾

嘉宾简介：从不知名的小跟班，到叱咤风云的瓦岗寨首领，他这半生的经历，就是一部活生生的奋斗史。在他的统领下，瓦岗军成为反隋势力中最主要的一支力量，却也一步一步走向了衰落。

越越：魏公，恭喜您当上瓦岗寨的"一把手"啊！

李密：（摆摆手）小事一桩，不足挂齿。离我的目标还远着呢！

越越：魏公的目标是……（李密含笑不语）难道是整个天下？现在外面传说"桃李子，得天下"，莫非这个李是指"您"？

李密：兴许，也许，可能，不好说！若是天命如此，我也只能接受了。

越越：若真有那天，魏公得好好谢谢您的伯乐翟让。可我听说翟让已经死了？

李密：（尴尬）嗯。翟大哥暴病身亡了。

越越：据我所知，翟让可不是暴病身亡的，而是……

李密：（凶相毕露）你想说是我杀的吗？如果不是他想加害于我，我也不会动手。

越越：翟让怎么会害您呢？他不是一直对魏公都挺好的吗？

李密：他以前对我是不错，但那是因为我有利用价值，我给他立了功。

越越：什么功？

李密：比如，当初隋军派张须陀来镇压我们时，翟让根本不敢应战。可在我眼里，张须陀不过是个有勇无谋的老匹夫，拿下他易如反掌！

越越：魏公好大的口气！

李密：你也当我吹牛，是吧？可事实胜于雄辩。张须陀中了我们的埋伏，被我们

名人有约 MINGREN YOU YUE

"包了饺子",一举歼灭！要不是我,瓦岗军不过是一盘散沙,哪能如此厉害！

越越: 那魏公既然是瓦岗寨的大功臣,翟让一向爱才、惜才,又怎么会害您呢？

李密: 前些天我听他哥哥跟他说:"兄弟,天子你可要自己当啊,怎么能送给别人呢？"换作是你,你怎么做？

越越: 我没碰到过这事,不好说……

李密: 一山不容二虎。到这份儿上,我只好先下手为强了。不然,我这个位置随时都有可能是别人的。要不是我拿下洛口仓,瓦岗寨会像如今这般强大吗？我凭什么让给别人！

越越: 那翟让一定后悔把"一把手"的位置让给您。

李密: 这个"一把手"的位置,是可以"让"出来的吗？我现在"让"给你,你能干吗？

越越: (连连摆手)不敢不敢。

李密: 我李密靠的是真本事,不是他人的恩惠。再说了,那翟让原也不过是个小小的司法官员,有着这么好的队伍,却只满足于躲在民间苟且偷生,当个小小的流寇,这不是浪费人才吗？

越越: 听说魏公管理有方,手下人才济济,全是出了名的英雄好汉。比如混世魔王程咬金、秦琼、裴行俨、罗世信……

李密: 嗯,这四人是我的亲军,统领八千壮士,毫不夸张地说,这八千人足可抵挡百万雄师！

越越: 看来老领导去了,瓦岗寨也没受什么影响啊！

李密: 说没影响是假的。翟让一死,瓦岗寨人心不齐,队伍不好带了。最近被王世充打了一下,我们的军事实力也受到重创,还得想个办法重新壮大瓦岗军才行。

越越: 那魏公下一步怎么打算？

李密: 本来可以趁机夺取长安的,没想到被李渊那痞子给忽悠了。现在也只能专心攻打洛阳了。我该去休息了,明天还要开战呢。

越越: 那好吧,我们的采访就到这里了,祝魏公好运。

广告铺

论功行赏令

凡我军中人士，人人平等，不论你出身富贵，还是贫寒，就算是奴隶，一律论功行赏。希望大家能越战越勇，早日建功立业。

唐军指挥部

砍树换布

长安大捷，为犒赏三军，所有布帛已封赏完毕。值寒冬来临之际，木材价格上涨，请所有义兵行动起来，把京城三条大街两侧和宫里的树木全部砍了，跟老百姓们换点布匹，做几件新衣，好好过冬。

李渊

与民约法十二章

大家不要慌张，我军初到长安，一切以安定为主。现与百姓约法十二章，只处罚那些杀人、劫道的人，其他人一律赦免。隋炀帝所立的一切苛政律法，也都全部作废。请大家放心！

唐军指挥部

霍山山神将为我们助力

连日阴雨绵绵，军中士气不足，昨日霍山山神来到我营门口，让守门士兵传话说，八月大雨就会停止。请大家稍安勿躁，到时山神一定会助我们一臂之力。

唐军指挥部

智者为王 ZHIZHE WEI WANG

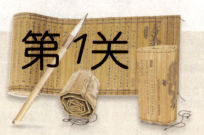

智者无敌　王者为大

1. 隋炀帝在雁门关受到谁的围困？
2. 是谁施计在雁门关救了隋炀帝？
3. 李渊是隋炀帝的什么人？
4. 隋炀帝派李渊去太原担任什么职位？
5. 隋炀帝二征高句丽时，谁起兵造反了？
6. 李密逃跑后去了哪里？
7. 刘文静为什么会被抓起来？
8. 李世民去监狱探望刘文静的时候，达成了什么协议？
9. 裴寂用了什么计谋劝李渊起兵？
10. 李渊太原起兵的导火索是什么？
11. 被安排在李渊身边的两个眼线是谁？
12. 李渊为什么向突厥称臣？
13. 李渊起兵后的第一战在哪里打响？
14. 第一战凯旋后，李渊如何收买人心？
15. 李渊为什么给李密写信？
16. 霍邑守将是谁？
17. 李世民为什么在父亲帐前大哭？
18. 李渊最后决定是先攻河东，还是西入长安？

穿越报
CHUANYUE BAO

第 4 期
公元618年

乱世争王
李世民 卷

【烽火快报】
- "三国"鼎立,一代帝王死于非命

【绝密档案】
- 谁取走了杨广的脑袋

【叱咤风云】
- 帝王满天飞,李渊也来凑一脚
- 李世民吃了一个大败仗
- 从哪里跌倒,就从哪里爬起
- 昔日的霸王,今日的臣子

【名人有约】
- 特约嘉宾:宇文化及

【广告铺】
- 不吃公粮可当官
- 撤了刘文静的职
- 国舅归唐
- 另投明主

穿越必读 CHUANYUE BIDU

杨广死后,为了争夺地盘、争夺皇帝的宝座,各路起义军打得不可开交。离长安最近的西秦霸王薛举,率先向李渊父子发起了进攻。在经历上一次失败的教训后,李世民再一次展示了非凡的军事才能。

烽火快报 FENGHUO KUAIBAO

"三国"鼎立，一代帝王死于非命
——来自东都洛阳的快报

东都洛阳的快报！

公元618年正月，东都洛阳剑拔弩张，一片紧张气氛。这是怎么回事呢？

原来洛阳一直有两支军队，城外是李密的瓦岗军，城内是王世充统领的隋军。两军打了一百多场仗，还没分出胜负呢，现在第三支军队又插了进来。

那第三支军队是谁的呢？没错！李渊来啦！他派李世民和李建成率领十万起义军，也来到了洛阳城下。

不过，尽管谁都看谁不顺眼，但谁也不敢动。因为不论是哪两个先打起来，占便宜的都是第三方，谁会傻傻地让自己吃亏呢？因此，大家都僵在了那里。

直到四月，一个爆炸性的消息从城里传了出来，打破了这个僵局，那就是杨广死了！

奇怪，杨广身体健康，年年出去游山玩水，光江都就去了三次，怎么说死就死了呢？是得了病，还是吃错药，还是被人害死了？

相信大家都很关注这个问题，本报将继续为您追踪报道。

JUEMI DANGAN 绝密档案

谁取走了杨广的脑袋

我的头好像要飞了。

昨天还在花天酒地，今天就已命丧黄泉。曾经耀武扬威的杨广究竟是怎么死的呢？经过层层探访，记者终于了解到事件的真相。

原来，杨广三巡江都后，就再也没能回去。因为瓦岗军占据了洛口，把杨广回京的路给堵住了。既然回不去，那就不回去了，在哪儿享乐不一样呢？于是，杨广打算把国都迁到丹阳郡（今江苏省南京市）。

这么做，杨广身边的禁卫军就有意见了。因为他们大多是关中人氏，不想去南方。眼看大隋快完蛋了，许多人就有了想法。

有的人担心没俸禄拿，有的人担心无家可归，有的人说这些都是小事，关键是继续跟着这个皇帝，最后可能连命都没有了。大家议论纷纷，越说越不满，越说越愤怒。

没过多久，禁卫军在宇文化及(宇文述的儿子)的带领下，闯入了杨广的行宫。

绝密档案 JUEMI DANGAN

杨广原以为来的是叛军,没想到是身边最亲近的人,又是诧异,又是伤心,质问道:"我虽然对不起百姓,但是并没有对不起你们。你们能享荣华富贵,全是我赐给你们的,为什么要这么做?是谁带的头?"

禁卫军士兵回答:"整个天下的人都在怨恨你,何止某一人呢?"

杨广无话可说,只好解下自己的衣带,递给了禁卫军。当了十四年的皇帝,最后就这么窝囊地被人勒死了。

这个雄心勃勃的帝王,最后连个像样的棺材都没有,而是由萧皇后和宫人把床板拆了,给他凑合做了一个小棺材,偷偷地葬了。

为什么是你。

XIHA YUAN 嘻哈园

百姓茶馆 BAIXING CHAGUAN

禁卫军被人利用了？

真是大快人心啊！暴君终于死了！不过他身边的人真不是东西。大家以后要小心了，别人对你好不好，要到大难临头的时候，才能看出来呀！

茶叶店小二

禁卫军甲

唉，皇上之前对我们还是不错的。可是兵变前一天，我们头儿说，皇上知道我们都想回关中后，就备了毒酒，要将大家都毒死。我们禁卫军这样做，也是为了自保，没办法啊！

后来好像也没这回事啊！会不会是我们禁卫军被人利用了？皇上在江都还需要我们保护，怎么会要我们的命呢？

禁卫军乙

值班禁卫军将领

我记得兵变的时候，有人在东城放火，皇上看到火光，问我发生了什么事，我说是草房起火。皇上居然信了，就不管了。他这样糊涂，死在我们手里，也是好事，要是落在别人手中，别人恨他入骨，还不知道怎么折磨他呢！

确实糊涂。在这之前，我们有个姐妹偷听到大臣要造反，便把这事儿告诉了他。哪知他觉得那不是一个宫女该管的事，还把她杀了。你说他这样，谁还敢跟他说真话呢？

唉，好端端的隋朝，硬是被这个败家子整成了"衰朝"啊！

宫女雨荷

CHIZHA FENGYUN 叱咤风云

帝王满天飞，李渊也来凑一脚

隋炀帝死了。这个消息像闪电一般，迅速传遍了大江南北。顿时，整个中原大地沸腾了。从来没有一个人的死会让大家如此兴奋。

是啊，真龙天子归了天，意味着皇帝的位置空了出来。谁会是下一个皇帝呢？

虽然宇文化及第一时间发布消息，拥立杨广的侄子杨浩当皇帝。但是，没有人把这当回事儿，每一路反王都认为只有自己才是最合适的人选，纷纷自立或拥立他人为王，甚至称帝。

王世充在洛阳拥立越王杨侗（tóng）为帝；刘武周在马邑自称"天兴皇帝"；萧铣（xiǎn）在岳阳称帝，国号梁；窦建德在冀州自立为夏王；薛举在陇西称帝……

一时间，帝、王满天飞，天下乱哄哄。

李渊当然也不甘落后。公元618年五月，李渊以众大臣的名义要求杨侑（yóu）退位。

一个月后，李渊（史称唐高祖）顺利登上了皇位，改国号为唐，定都长安。李建成因为是长子，立为太子；李世民晋封为秦王，李元吉晋封为齐王。其他的文武官员也跟着加官晋爵。

从晋阳起兵到正式称帝，李渊正好用了整整一年的时间，这样的速度，我们不得不说，实在是个奇迹！

叱咤风云 CHIZHA FENGYUN

李世民吃了一个大败仗

李渊称帝后,马上引起了大家的关注。长安自古就是帝王之都,谁不想吞掉这块肥肉呢?

而对李渊来讲,称帝只是万里"长征"刚刚走完第一步。要想成为真正的帝王,就必须收服身边这些"帝王",真正地统一天下。在这些"帝王"中,陇西的薛举与李渊的距离最近。一个想东进南下,一个想夺取长安,彼此都把对方看作自己前进路上的绊脚石。

公元618年六月,薛举先发制人,带着三十万大军,气势汹汹地来到李渊的地盘——泾州。

既然人家都送上门来了,李渊当然不会退让,立即派李世民带上十万大军,前去讨伐。

可没过几天,李世民突然身患疟(nüè)疾,实在支撑不住,只好叫来长史刘文静和司马殷开山,让他们代理军务,自己回去养病。

临走前,李世民千叮万嘱:"薛举远道而来,肯定想速战速

叱咤风云

决。现在他们士气高涨，如果来挑衅的话，我们千万不要应战。等他们粮食吃得差不多了，士兵不耐烦了，那时我的病也好了，再把他们打得落花流水！"

没想到，李世民走后，殷开山把刘文静拉到一边，悄悄地说："秦王是担心你打不过薛举，才说这样的话。如果让薛举知道秦王生了病，我们不敢出兵，必然会轻视我们。我们应该主动出战，让他见识一下我们的厉害，杀杀他们的威风。"

刘文静觉得有道理，于是下令在浅水原列兵排阵，向薛举示威。最要命的是，刘文静竟然仗着人多，都没有严加防备。

李世民听到这个消息，大惊失色，赶紧写了一封信，让刘文静快些回营，无奈信还在半路上，双方就打起来了。

浅水原这个地方是块平地，最适合骑兵野战。而唐军主要兵力是步兵，仅有的三千骑兵，还有一半是从突厥借来的。相反，薛举的战马极多，还暗中调集了一支精锐骑兵，从背后偷袭唐军。

唐军本来就防范不严，哪里是其对手？最后死伤大半，只好连夜收拾残军，逃回长安。

李渊建唐以来的第一场大战，以惨败告终。

从哪里跌倒，就从哪里爬起

薛举打了大胜仗后，得意洋洋。谁知乐极生悲，他突然得了重病，可惜他身体没有李世民那么健朗，这一病就没再起来。

薛举死后，他的儿子薛仁杲（gǎo）生性残暴，嗜杀成性，跟大多数将领不合。薛氏的势力也从此逐渐衰落。

李渊得知后，再次命李世民率兵十万，对薛军进行第二次讨伐。

这一次，李世民吸取上次战败的教训，不管对方怎样挑衅，骂得有多难听，就是不出战。

一些将领沉不住气，接二连三地向李世民请求出战。

李世民劝道："我军刚刚打了败仗，士气低落，敌人打了胜仗，士气高涨，此时交战，只会重蹈覆辙。薛仁杲瞧不起我们，自然会有轻敌之心，我们只要坚守不出，耐心等待时机，等他们军中无粮，士气低落时，再突然出击，便可一战而胜！"

果然，六十多天后，薛仁杲没能攻下城池，粮草也快用光了，士兵们有时候一天只能吃上一顿饭，都无心恋战。

叱咤风云

再加上薛仁杲轻狂自负,动不动就责骂那些跟着他父亲出生入死的老将。结果,一些将领先后向李世民投了降。这样一来,薛军人心涣散,士气低迷。

李世民敏锐地察觉到反攻的时间到了!他决定在哪里跌倒,就在哪里爬起来,又选择了浅水原作为战场。

他先派一支小部队过去当诱饵。薛军果真上当,带着全部兵力,冲杀过来。小部队遵照李世民的要求,坚守不出。连攻数次失败后,薛军渐渐失去锐气。

李世民这才下令全军出击。薛军猝不及防,急忙往自己营地那边逃。唐军乘胜追击。

这时,有人拉着李世民说:"薛仁杲很有实力,还是暂时按兵不动,不要轻敌为好。"

李世民答:"这点我早就想清楚了,现在我军势如破竹,机不可失!"

天快黑时,唐军将薛军营地团团围住。没过多久,一些将士就陆陆续续走出来,主动向唐军投降了。

薛仁杲无计可施,只好率领文武百官,全都出城投降了。

从这一刻开始,陇西这块广阔的天地是属于大唐的了!

昔日的霸王，今日的臣子

打败了薛仁杲，李世民凯旋。在回长安的路上，他见到了一个人——李密。

咦，李密现在不是应该在攻打洛阳吗？怎么跑这里来了？是来打架的吗？当然不是，这一次人家是来投降的。

原来，就在李世民跟薛举父子打得火热时，宇文化及也来到洛阳城外，和李密打了起来。

两军正打得难舍难分时，城内的杨侗向李密伸出了"橄榄枝"——只要李密打赢了宇文化及，就让李密入朝当大官。

李密本来就怕跟两边作战，现在城内要来结盟，正合他的心意，于是满口答应下来。

过了一段时间，李密得到一个消息，宇文化及的粮食快没了，他就派人去跟宇

我投降！

叱咤风云
CHIZHA FENGYUN

　　文化及讲和，说要送一大批粮食给他。宇文化及信以为真，马上放松了警惕，还让士兵们使劲儿吃，敞开了肚皮吃。

　　等到最后一粒米吃完后，宇文化及才发现李密骗了他，顿时恼羞成怒，要跟李密拼命！

　　两军在童山（今河南省浚县西南）脚下打了一天一夜，结果两败俱伤，各自退兵。

　　战后，宇文化及因为粮食不足，士兵不断叛逃，十万兵马最后只剩下两万，只好狼狈地逃向了魏郡。

　　就在这时，洛阳传来一个惊心动魄的消息——王世充发动政变，夺取了洛阳的大权！

　　李密得知消息，拒绝入朝去拜见，带着队伍回到了瓦岗寨。此时的他，虽然打了胜仗，却也是惨兮兮的。

　　狡猾的王世充看到了这点，觉得机会来了，马上挑选了两万名精兵，向瓦岗寨奔来。

　　而李密因为刚打了胜仗，非常骄傲，根本没把王世充放在眼里，连防御的壁垒都没有修建。

　　直到王世充强渡洛河，发动突然袭击，李密才匆忙出兵应战，队形还没摆好，就打了起来，结果一败涂地。

　　看着好好的瓦岗军死的死，逃的逃，降的降，李密没办法，只好带着残余部队，去长安投奔自己的"哥哥"李渊。

　　遇到李世民后，李密感叹说："这才是英主啊，要不是这样的人，怎么能平定天下呢！"

鸿雁传书 HONGYAN CHUAN SHU

李渊逼我造反

穿穿老师：

您好！现在我的亲信基本上都不在身边了，我不得不跟您吐槽一下。李渊真是个小人。我刚到长安的时候，他又是封官，又是赏赐，还让他表妹独孤氏嫁给了我。

我的老部下见李渊待我不薄，纷纷前来归顺。李渊得到了我的地盘、我的手下后，态度马上来了个三百六十度的逆转，只让我管一些鸡毛蒜皮的小事，还不给我手下饭吃。

前几天，我主动跟李渊要求去山东招抚我的老部下。李渊明明答应了，走到半路，却又反悔了，要我返回长安，生怕我聚集部下造反。这不是摆明了不信任我吗？

我也是当过大王的人，深知做臣子的要是不被主公信任，只有死路一条。唉！与其回去被杀，还不如就地造反，死了也是一条好汉！您说是不是？

李密

李密：

您好！您说您想那么多干什么呢？既然归顺了李渊，就好好安享晚年，不要再想那些打打杀杀的事情了。您要是安分守己，不去杀了桃林（今河南省三门峡市西南）县官，李渊总不会吃饱了撑的把您杀了吧？

如果您自己实在拿不定主意的话，就问问您的军师王伯当，听听他的建议吧。

《穿越报》编辑

【可惜，李密不听王伯当的劝阻，在桃林县再次公开造反，最后被唐高祖李渊的人杀掉了。】

名人有约

MINGREN YOU YUE

越越 大嘴记者

宇文化及（下文简称宇文）特约嘉宾

嘉宾简介： 很多人在历史上留下了自己的名字，有的流芳百世，有的遗臭万年。比如他，出身名门，位极人臣，受尽恩宠，却恩将仇报，杀死主人。虽然他杀死了暴君杨广，但没有一个人把他当作英雄看待，因为他之后的所作所为就是第二个杨广。

越越：轻薄公子近来可好？

宇文：大胆！谁允许你这么叫我？

越越：（弱弱地出声）大家不都是这么称呼您的吗？听人说，您以前经常带领家丁，骑着高头大马，拿着弓箭，在长安的道路上狂奔急驰。所以大家都叫您"轻薄公子"。

宇文：我现在可是皇帝！

越越：啊，您不是立杨浩为帝了吗？

宇文：杨家已经没用了，我把杨浩杀了。

越越：别人谋反，是被杨广逼的，但杨广待您不薄，您为什么也要谋反呢？

宇文：当初我也不愿意，我弟弟智及他们死皮赖脸非要拉我下水，我也是没办法。既然天下人都想杀了他，不如我来动手。

越越：听说您当时吓得脸色顿变，冷汗直流？

宇文：（一拍桌子）瞎扯！我像那么胆小的人吗？

越越：（小声）还真像。既然大家都推您为老大，为何现在他们都离您而去，跟随您的人不足两万了呢？听说是因为您不体恤士兵、不得人心造成的？

宇文：谁在胡说八道！我为了能顺利带大家回家，费尽了心思。水路不通，就跟老百姓"借"了两千辆牛车，我容易嘛我？

越越：可这些牛车又不是拿来给士

73

名人有约 MINGREN YOU YUE

兵坐的，而是用来运载宫女和珠宝的。那些沉重的长枪铠甲，却由士兵背着，士兵更不容易啊！

宇文： 有什么办法呢？总不能让美女背刀背枪，把珠宝都扔了吧？

越越： 这个时候还舍不得……怪不得有人说你无能、糊涂，比杨广有过之而无不及。

宇文： 随他们怎么说，最后结局还不是死在我的手上！那是不是证明他们比我更无能、更糊涂呢！

越越： 不管怎么说，这次你们自相残杀，已经元气大伤。您看，被李密这么一打，好好的一个一流军队变成了九流混混。

宇文： 虽然我被李密打败了，但他也好不到哪里去！瓦岗军想重振雄风，估计也很难！

越越： "鹬蚌相争，渔翁得利。"王世充已经趁此机会，跑去攻打瓦岗军了。

宇文： 那就好，只要他不打我就行。我现在得赶紧用这些珠宝，招点兵马应付唐军，现在窦建德的夏军又来了。唉，真后悔当了这个老大，背负个"弑君"的罪名，到处都是敌人。

越越： 唉，"弑君"可是大罪啊，您现在是"弑君"凶手，谁要是把您杀了，那就算立了大功啊！

宇文： 这些人一个个借着"尊隋"的名义，干着"灭隋"的勾当。你说，他们哪一个在为大隋着想，哪一个不是在为自己打天下？

越越： 但他们没有一个人像您这样明目张胆地杀了皇帝，自己来当皇帝啊！

宇文： 唉，人总有一死，为什么不当一回皇帝呢？算了，现在窦建德在门外叫阵呢。不聊这些没用的了，我该出去应战了。

越越： 好吧，这可能是我们第一次也是最后一次采访您了。再见！

（之后，宇文化及被窦建德活捉。他建立的许国眨眼间灰飞烟灭。）

广告铺

不吃公粮可当官

城门是东都最重要的地方,一旦失守,我大隋就处于灭亡的边缘。因战况紧急,特招守城人若干。大隋的子民们,行动起来吧!需要特别交待的是,现在粮食紧缺,如果你可以不吃公粮,便可晋升为散官二品,有上朝晋见皇帝的特权。

隋太府寺

(编者注:散官即有官名无实际职务的官称;隋太府寺即专管皇家钱粮的官署。)

撤了刘文静的职

长史刘文静、司马殷开山二人,因为不服从统帅安排,私自出兵,导致我军大败,损伤惨重。本该严惩不贷,念二人一向忠心耿耿,又是开国老臣,现从轻发落,免除二人的官职。

大唐兵部

国舅归唐

世民我儿,为父现有家书一封,请转交给表姑父萧瑀。表姑父胸怀万机,才智过人,请他速来京师,共商朝政。

李渊

(编者注:萧瑀夫妇二人得信后,将所有兵马均交给李世民,随后去了长安。李渊封萧瑀为宋国公,拜为户部尚书。)

另投明主

自瓦岗军失败以后,我们瓦岗很多英雄成了王世充的俘虏。虽然王世充给了我们高官厚禄,但这人阴险狡诈,老是搞一些乌烟瘴气、上不得台面的事,这样的人怎么可能平定天下,为百姓谋福。因此,我们决定前往大唐,另投明主,有这个想法的兄弟,跟我们一起走吧!

秦叔宝、程咬金

第 5 期
公元619年—公元622年

穿越报
CHUANYUE BAO

天下归唐

【烽火快报】
- 狼真的来了！

【叱咤风云】
- 得民心者得粮食
- 为国家而战！
- 虎牢关，一战擒双王

【名人有约】
- 特约嘉宾：李世民

【广告铺】
- 奖励少林寺僧
- 庆祝秦王凯旋
- 耕战结合，兵农合一

穿越必读 CHUANYUE BIDU

　　李渊在长安刚刚站稳脚跟，他的后院——太原却起火了。在李元吉、裴寂相继失败之后，李世民再次出兵，打败了刘武周，生擒了双王，为自己赢得了赫赫威名。无数能征善战的英雄纷纷投奔在他的麾下，如秦叔宝、程咬金、尉迟敬德等人，都成为了他的得力助手。

FENGHUO KUAIBAO

烽火快报

狼真的来了！
——来自太原的加密快报

公元619年三月，太原传来了一个爆炸性的消息，太原被刘武周的人给攻下了！

早在李渊起兵的时候，就有人说刘武周要攻打太原，弄得人心惶惶，结果证实只是谣言。但这回可不是开玩笑的，因为狼真的来了！

当初，李渊让儿子李元吉镇守太原，没想到李元吉这个纨绔子弟，仗着太原远离长安，又没有老爸的约束，成天为所欲为，搞得老百姓怨声载道。

当刘武周率领五千名骑兵到了黄蛇岭的时候，李元吉却逼迫张达带一百名步兵去应战。五千对一百，结果可想而知——全军覆没！

张达一气之下，投靠了刘武周，给他当了开路先锋。

有人在前面带路，刘武周一路连连得胜，没多久就包围了太原。

李元吉见打不过，怕得要死，就对他的司马说："你带着年老体弱的人员守城，我带上身强力壮的将士出城作战。"

等到了晚上，他抓住部队出城的机会，带上老婆孩子，丢下军队，脚下长了轮子似的往长安跑。主将一跑，太原就失陷了。

鸿雁传书 HONGYAN CHUAN SHU

同为败将，待遇为何不同？

穿穿老师：

您好！我实在搞不懂，这个裴寂老儿不懂打仗，皇上为何派他去援助太原。这下好了，被刘武周的部下宋金刚打了个落花流水，还强迫老百姓把自家的房子、粮食和衣物，统统烧掉，想困死敌军，结果又惹得老百姓要造反了。

遭此大败，要是换作一般人，肯定会掉脑袋。可裴寂，大牢还没坐热呢，皇上就把他放了出来，照样恩宠有加。

你说，就这么个人，要本事没本事，要军功没军功，地位却比我高，赏赐也比我多，我打了败仗被免职，他打了败仗一点事儿都没有。我实在是不服！

刘文静

刘大人：

您先消消气。您也知道，裴寂是陛下的老朋友，两人关系非同寻常，陛下每天上朝，还要在自己的龙椅旁给裴寂设一个专座。别人说他造反，陛下压根不信。这种待遇，连李氏兄弟都眼红，更别说您了。最关键的是，在陛下眼中，您是秦王李世民的盟友，又身居宰相之职，对太子李建成是个大大的威胁啊！所以，陛下怎么会重视您呢？

我劝您多一事不如少一事，还是忍忍算了。小心裴寂在陛下面前告您一状，到时您就凶多吉少了。

《穿越报》编辑 穿穿

【可惜，刘文静还是跟裴寂对着干。公元619年九月，刘文静酒后失言，扬言要杀了裴寂，还请来巫师在家里做法"驱鬼"，被李渊以"谋反"罪名杀死了。】

CHIZHA FENGYUN 叱咤风云

得民心者得粮食

得知太原失守，李渊又派兵前往讨伐，结果都以失败告终，河东大片土地落在了宋金刚的手里。李渊无可奈何，只好下了一道命令："河东我不要了，守住关中就行了。"

李世民坚决反对，说："大敌当前，岂能退缩！太原是帝业的基础，国家的根本，河东土地富饶，京城的粮食全靠河东供给。如果放弃河东，以后的日子就不好过了。还请给儿臣三万精兵，儿臣一定能够消灭刘武周，收复失地。"

事到如今，也只能"死马当活马医"，李渊答应了李世民的请求，调集了关中所有兵力让李世民指挥。

此时正值十一月，黄河都结冰了。李世民冒着寒风，踏着坚冰，率领大军渡过黄河，直接驻扎在柏壁(今山西省新绛县西南)，与宋金刚对峙。

而此时，黄河以东的各个州县已经被刘武周和裴寂折腾过了，粮仓基本一空，老百姓人心惶惶，只顾避难。征不到粮食，如何打仗？面对这种情况，李世民派人到处发布安民公告，号召恢复生产，安定民心。

老百姓吃了定心丸，见到唐军就像见到亲人一样，纷纷把家里的粮食拿了出来，给他们解决了粮食问题。

此时的宋金刚，因为民心大失，征不到粮食，不得不等着刘武周从太原运送军粮过来。

为国家而战！

有了足够的粮食后，李世民并没有急着一决胜负，而是一面坚守壁垒，拒不出战，一面派人去骚扰宋金刚的运粮队伍，不让他们前进。

五个月后，宋金刚的部队弹尽粮绝，又没有后援，准备撤军。

李世民见机会来了，立刻下令全力追击。宋金刚抵挡不住，大败而逃。李世民紧追不舍，短短一天里，追了二百多里路，与宋金刚打了数十个回合。

当大军追到高壁岭时，将士们累得不行了，有人建议

叱咤风云

道:"殿下追到这里,功劳已经不小了,要是再追下去,您这身体怎么吃得消呢?应当休息一下,等兵马粮草补充够了,再追也不迟。"

李世民说:"宋金刚如今已是山穷水尽,必须一鼓作气消灭他!如果停下来,让宋金刚有机会反击,再想打败他就难了。我尽心竭力为国家而战,怎么能够只顾惜自己的身体呢?"说完继续催马前进。

将士们看秦王都这么拼命,也不敢再提饥饿的事。终于在雀鼠谷追上了宋金刚。

几场大战下来,李世民两天没吃饭,三天没解甲,随身带的干粮都吃完了,除了战马,只剩下一只羊,李世民还与将士们一起分吃了。

有李世民在前方这样做模范,将士们无不深受感动。大家一鼓作气,与宋金刚大战了一场,终于将宋金刚打败了。

刘武周得知全军溃败,只好放弃太原,和宋金刚往突厥方向逃去,不久后两人被突厥人杀了。

虎牢关，一战擒双王

消灭了刘武周与宋金刚，就等于坐拥西北江山。现在的唐军，要地有地，要人有人，实力雄厚得不得了。放眼望去，威胁唐军的势力，也只有王世充和窦建德了。

这时的王世充，早已逼死了杨侗，自己做起了皇帝，国号郑。公元620年七月，李世民率领五万精兵，向王世充发起了攻击。

短短三个月的时间，洛阳周围郡县就全部落入李世民的手中，洛阳成了一座孤城。王世充见形势不利，亲自出面与李世民讲和。李世民当然不会答应。

求和不成，只好开打。

关键时刻，王世充还是有两把刷子的。他搬出了自己的杀手锏：大炮飞石和八弓弩。大炮飞石重达五十斤，可以射两百步之远；八弓弩的箭身如车轴一般大，箭头像一把大斧，可以射五百步之远。在这两种武器的攻击下，双方相持不下。

CHIZHA FENGYUN 叱咤风云

这一战一直打到公元621年的春天，直到洛阳城里的粮食都吃完了，王世充向窦建德发出了求援信。

窦建德和王世充本来谁也看不上谁，还因为地盘的问题，经常发生纠纷。但唇亡齿寒，一想到王世充被灭，接下来就轮到自己了，窦建德立即派出十万大军，前往洛阳援助王世充。

窦建德来了！

唐军上下大为惊恐，众人纷纷主张撤退。李世民令主力继续围攻洛阳，自己则带着三千精兵赶到了易守难攻的虎牢关。

两军在虎牢关展开了一场拉锯战。由于虎牢关地势险要，窦军不能前进，被堵了一个多月，多次出兵不利，士气低落，将士开始思念家乡。

李世民得知后，便带领骑兵趁窦建德开会的时候，发起了攻击，窦建德顿时阵脚大乱。

后面的人见前边的人如潮水般逃命，敌方杀声震天，以为败了，也跟着转身就跑。所谓兵败如山倒，一时间如黄河决堤，一溃千里，死伤不计其数。最后窦建德被活捉了。

王世充见大势已去，只好开城投降。

虎牢关一战，李世民一战擒两王，威震天下。这一年，他二十四岁。

百姓茶馆 BAIXING CHAGUAN

死灰复燃的"窦建德"

你们知道王世充被贬做庶人,窦建德被斩首了吗?两个都是称王称帝的人,结局怎么这么不一样呢?难道是因为王世充是贵族出身,窦建德是农民出身?

米店朱小二

窦建德虽是农民出身,但是劫富济贫、生活简朴,在河北声望很高;而那王世充生性残暴、生活奢侈,老百姓巴不得他快点死了。唉,该死的不死,不该死的反而死了!不知陛下怎么想的!秦王当初也反对过,但陛下就是不听。

秦王府看院家丁

据说,河北那边的人听说窦建德被杀之后,没有一个不伤心、没有一个不愤怒的。要想收回那些民心,难啊!

谭举人

那窦建德的老将刘黑闼(tà)本来在家中种菜,被其他部将给逼了出来,做了老大!现在已收复了大部分地盘。"窦建德"死灰复燃了!我找机会投奔他去!

河北郊区农民甲

你还是歇歇吧。陛下派秦王去对付他了。现在刘黑闼已经被打得逃到突厥去了,成不了什么气候了!咱们还是乖乖跟着大唐过日子吧!

农民甲的亲戚

嘻哈园

名人有约 MINGREN YOU YUE

 **越越** 大嘴记者

李世民 特约嘉宾

嘉宾简介：他十六岁时就驰骋沙场，是一个名副其实的少年英雄。他礼贤下士的风度，用人如神的智慧，更是让无数人折服。他就是家喻户晓、无数美眉视之为偶像的秦王——李世民！

越　越：哇，终于见到我的偶像了，真开心。（抬头定睛细看）咦，秦王殿下不是翩翩佳公子一枚吗？为何这样灰头土脸，灰不溜秋？

李世民：（把脸一抹）不好意思，连日征战，还来不及更衣、洗漱。

越　越：殿下为天下如此操劳，要注意多休息啊！这身上背的是什么武器，有两米长吧？真够猛的。

李世民：（得意）这是我的巨阙天弓，怎么样？不赖吧！估计你这小身板，要再叫上三个秀才才抬得动！

越　越：（吐了下舌头）早就听说殿下是个大力士、神箭手，这把天弓比您的亲兄弟还亲，果然名不虚传。

李世民：嗯，要不是它，我早就战死沙场了。有一次我带一队士兵去宋金刚阵前侦察。当时，大家都去执行任务了，我身边只留了个侍卫。两人走累了，便下马找了个地方休息，本来只想打个盹，一时大意睡了过去。结果被敌人发现了！

越　越：真危险！那秦王殿下被他们抓住了吗？

李世民：怎么可能？也是我命不该绝。突然钻出来一只老鼠，一条蛇。它们一个前面跑，一个后面追，从我侍卫的脸上爬了过去。我侍卫被惊醒，就赶紧把我

名人有约

叫醒了。我们才上马,敌人就追上来了!

越 越:太惊险了!那您是如何甩开他们的?

李世民:当然靠的是我这宝贝(拍拍身后的弓箭),一箭就把敌人的头头射下了马!敌兵见首领没了,接着就撤了!

越 越:虚惊一场!殿下不但箭术了得,这心理素质也够硬的!难怪刘武周不是您的对手!听说刘武周有个部下叫尉迟敬德,现在成您的人了?

李世民:嗯,这人是个人才,曾经一连俘虏了我军五员大将,我把他的主子打败了,他才投了降。后来攻打王世充的时候,他的人都逃了,就他没逃。

越 越:那您不担心吗?

李世民:(笑笑)这个我心里有数。用人不疑,疑人不用。只是我的部下憋了一口恶气,说他不是真心降唐,建议我杀了他。

越 越:他要是想叛变,在攻打王世充的时候,就可以和他的人逃了,但他没有逃,说明他还是真心跟着您的。

李世民:小记者的想法跟我一样啊!所以,我不但把他放了,知道他受了委屈,还赐了他一些金银珠宝。大丈夫做事,应该互相信任。如果他受不了这委屈,想走也没关系,我不拦他,路费我照给。

越 越:殿下看来是真心欣赏他啊!您这么做,他应该不会走了吧?

李世民:嗯,这种人一旦对你忠心耿耿,十头牛也拉不走。第二天,他就救了我一命。

越 越:表现不错,出了什么事吗?

李世民:我出去打猎,路上遇到王世充的手下单雄信。单雄信一心想捉我回去立功,关键时刻,尉迟敬德赶到,把单雄信赶跑了。哈哈,相信他以后还会有更好的表现。

越 越:那还是殿下您眼光独到,用人有术,若没有您,这些英雄哪有用武之地呢?

李世民:如今天下归唐,四海一统,希望每个人都能有自己的用武之地!

越 越:让我们共同期待吧!

87

广告铺

奖励少林寺僧

在我军围攻洛阳,消灭王世充时,东都少林寺十三棍僧帮助捉拿王世充有功,特召见立功僧人,赏赐物品,封高僧昙崇等为大将军。

秦王李世民

庆祝秦王凯旋

值秦王凯旋之际,为表彰他的功劳,朕将为他举办一个盛大的庆祝大会,大宴文武百官。凡跟随秦王立下大功者,赐丝绸若干,可自行去国库,想拿多少就拿多少。

唐高祖李渊

耕战结合,兵农合一

为提高我军的战斗力,特在关中实行府兵制。即将关中一带分为十二道,设立十二军府,府内各设将军与副将一名,平时务农,农闲时练武。其主要任务是轮流到长安宿卫和出征。宿卫时归各府将军管辖,出征时则服从兵部命令。

大唐兵部

穿越报
CHUANYUE BAO

第 6 期
公元623年—公元624年

手足相争
李世民

【烽火快报】
· 太子也有两把"刷子"

【叱咤风云】
· 后宫美女也加入了斗争
· 太子造反了？

【名人有约】
· 特约嘉宾：李元吉

【广告铺】
· 十八学士画像见面会
· 文学馆成立了
· 一个新的官职诞生了

【智者为王】
· 第2关

穿越必读 CHUANYUE BIDU

在平定天下的战役中，李世民立下了赫赫战功，声名远扬，给身为太子的李建成带来了无形的威胁。为了争夺第二代君王的位置，双方开始了激烈的暗斗。他们采取种种手段，打压对方，皇位争夺战正式拉开序幕。

烽火快报 FENGHUO KUAIBAO

太子也有两把"刷子"
——来自长安的加密快报

公元623年的正月，长安街上热闹非凡，这是在庆祝新年吗？不是，是在庆祝一件比过年还要喜庆的事——太子李建成打败了刘黑闼，凯旋了！

咦，跟刘黑闼打仗的不是李世民吗？怎么变成李建成了？

原来，刘黑闼逃到突厥后，仍不死心，再次起兵，很快占领了自己原有的地盘。按理说，又该李世民出马了。

可是李世民屡立战功，声望渐隆，太子担心威胁到自己的地位，主动向父皇请兵出战。

事实证明：太子李建成也有两把"刷子"。他采纳了手下魏征的建议，把原先抓获的俘虏放了回去，并承诺只要不再投靠刘黑闼，就对他们及他们的家属既往不咎。

这一招相当厉害。刘黑闼的部下知道了，果然再也没心思打下去，纷纷逃离。没多久，就有人把刘黑闼五花大绑，送给了李建成。

打败了刘黑闼，代表着中国再次实现了统一。这一次，终于轮到李建成在父皇李渊和弟弟李世民面前风光一回了。

BAIXING CHAGUAN 百姓茶馆

兄弟仨相争，谁赢谁输

最近，我们皇上是又喜又愁，喜的是天下终于安定，愁的是家里的几个儿子却越闹越凶。特别是太子殿下和秦王，直接从暗斗变成了明争。唉！

太监小连子

太监小卓子

这事儿闹成这样，还不是怪皇上？当初打仗的时候，秦王的功劳最大。皇上就对他许诺说，以后立他为太子。如今，他却将太子的位置给了长子李建成，给秦王只封了个"天策上将"。听说太子心胸狭窄，一旦他做了皇帝，秦王功高盖主，肯定性命不保。

太子算什么，现在我们"秦王府"不但有一大批强兵猛将，还增设了一个文学馆，招揽了十八个时下最优秀的文人学士，个个都是聪明绝顶。"文武双全"，差不多都是个小朝廷了！

秦王府侍卫

太监老安子

秦王这么强大，太子也不是傻瓜呀。上次结交了很多山东豪杰，还拉拢了一个重量级的人物——弟弟李元吉。李元吉虽然没有两个哥哥有能耐，却也不容小觑。唉！看来，皇室又要出现一场不是你死，就是我亡的斗争了啊。

嘻哈园 XIHA YUAN

CHIZHA FENGYUN　叱咤风云

后宫美女也加入了斗争

李建成和李元吉结成同盟后，为了赢得李渊的好感，马上对李渊身边的人，动起了心思。

最接近李渊的人是后宫的尹德妃和张婕妤（yú）。李建成经常给她们送礼，唆使她们在李渊面前说李世民的坏话。而李世民呢，从不向她们行贿，还做了不少得罪她们的事。

第一件事：李世民平定王世充后，洛阳宫中留下了不少隋朝珍宝。嫔妃们私下向李世民索取，还为自己的亲人求官。

李世民一个也没答应，说："珍宝都已经登记入册，上报朝廷了；官职应该授予有能力和有战功的人。"

第二件事：张婕妤的老爸看上一块田地。李渊答应把那块地赐给张婕妤。李世民却把地赏给了一个功臣。

张婕妤向李渊哭诉："皇上赐给臣妾父亲的田，被秦王夺去送给他人了。"

李渊马上召来李世民，斥责道："难道朕的命令你也不听吗？"

后来，李渊和裴寂诉苦说："李世民这孩子，长期领兵在外，被书生们教坏了，不再是过去那个乖乖崽了！"

第三件事：尹德妃的父亲尹阿鼠仗着自己是皇帝的老丈人，一向骄横。李世民的下属路过他家门口时，尹家的仆人把他强行拉下马，暴打了一顿，说："你是什么人，胆敢过我的门前却不下马！"

叱咤风云 CHIZHA FENGYUN

事后,尹阿鼠让自己的女儿恶人先告状,说:"秦王府的人欺压臣妾的家人!"

李渊信以为真,又斥责李世民说:"朕的妃嫔都受你身边的人欺凌,何况是普通百姓!"李世民反复为自己辩解,但李渊始终不信。

第四件事:李世民每次参加宫中宴会,看见各位妃嫔,想到自己的母亲就会泪流满面。李渊看到了,很不高兴。

这些嫔妃便趁机诋毁李世民:"现在天下无事,陛下年事已高,正是应该多享乐的时候,而秦王总是这个时候流泪,说的是想念皇后,实际是憎恨我们。陛下百年后,我们肯定都会被他杀了!"说着说着,就哭了起来,同时还不忘替李建成说好话:"太子仁爱孝顺,陛下只有将我们托付给太子,才能保全我们的性命。"

从此,李渊对李世民越来越疏远,对李建成却越来越亲近。好在李世民在后宫也有得力助手,那就是他的妻子长孙氏。长孙氏常常出入宫中,尽心侍奉公公,对后宫妃嫔也很友善,在很大程度上,弥补了丈夫与皇帝公公之间的嫌隙,为丈夫助了一臂之力。这场战争,到底是哥哥赢,还是弟弟赢呢?本报记者将为大家没日没夜地报道,敬请期待。

CHIZHA FENGYUN 叱咤风云

太子造反了？

公元624年六月，热浪逼人，李渊受不了便跑到郊外的仁智宫避暑。李世民和李元吉两兄弟随行，李建成留守长安。

趁这空儿，李建成四处活动。拉拢了一个叫杨文干的人，他派人给杨文干送了些盔甲，要他给自己招募一些勇士，送到长安。

杨文干曾经做过东宫的侍卫，后来到庆州（今甘肃省庆阳市）做官去了，但与李建成关系不错，一直来往密切，还算比较靠谱。

不靠谱的是送盔甲的两名官员（据说早就被李世民收买了）。这两人走到豳（bīn）州（今陕西省咸阳市北部），突然向当地官府告发，说太子和杨文干要举兵造反。

更巧的是，与此同时，一个宁州人也不辞辛劳地跑到仁智宫，控告杨文干谋反。不用说，这一切都是李世民的计谋。

谋反可不是小事，是要杀头的！李渊听了，气得浑身发抖。但他并不相信李建成会谋反，为了试探一下他，李渊要李建成速速到仁智宫！

李建成知道后，吓

叱咤风云 CHIZHA FENGYUN

得六神无主：去吧，万一父皇不听自己解释，就有可能会被处死；不去吧，真的会被扣上谋反的罪名，还是会死！

经过一番激烈的思想斗争后，李建成还是决定去见父亲。见了李渊后，李建成拼命解释，不停地磕头，磕得头都流血了，李渊的气还没有消。

当天夜里，李渊将他囚禁在帐篷里，只给他吃了碗粗麦饭，并派人马上把杨文干叫来，当面对质。

不料，负责传令的人添油加醋地讲了一番，杨文干一听，心里害怕，居然真的起兵造反了！

看来太子是真的造反了啊！造反就得平叛，派谁去好呢？李渊想来想去，还是觉得李世民最稳妥。

李世民说："杨文干只是个小丑，他自己的人就会将他抓起来杀掉，或者派一个小将过去就能摆平他。"

李渊忧虑地说："没这么简单。杨文干的事情牵扯到太子，恐怕响应他的人会有很多。你最好亲自去镇压，回来以后，朕便将你立为太子，将建成降为蜀王。反正蜀中兵力薄弱，如果以后他听你的话，你就留他一条性命；要是不听，你要捉拿他，也是易如反掌。"

听父皇这么说，李世民就答应出征了。结果，大军还没到，庆州就传来了杨文干被部下杀死的消息。

鸿雁传书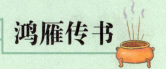

HONGYAN CHUAN SHU

父皇又骗了我

穿穿老师：

您好！杨文干造反的时候，父皇又跟我承诺，说只要我处理好这件事，就让我当太子。现在杨文干被摆平了，父皇却对换太子的事情只字不提，还说是我们兄弟几个不能相容，把罪责推到几位大臣身上，其中，居然还有我的亲信。

对谋反这样的大事，父皇竟然这样处理，对我也是一而再再而三地失信，现在，我的心已经凉透了。

可是，他是我的父皇，我又能怎么办呢？

李世民

秦王：

您好！您有所不知，在您出征的时候，朝中很多大臣和嫔妃轮番上阵，替太子求情，说他身为太子，绝对不会无故谋反；还说太子不过想多增加点侍卫，保护自己，这个也很正常。当然，甚至还有人说这是您耍的一个手段，故意陷害太子。

不仅如此，齐王李元吉还叫来了您父皇最信任的人，这人说了很多关于换太子有风险的言论，把您父皇唬得一愣一愣的，也就改变了主意。这里我提醒您一下，这个人也是您很信任的人。

不过话说回来，您父皇也挺难做人的，手心手背都是肉。您还是想开点，等待时机。说不定皇上什么时候心情好，又改变主意了呢？

《穿越报》编辑 穿穿

名人有约 MINGREN YOU YUE

李元吉 特约嘉宾

越越 大嘴记者

嘉宾简介： 他是李渊的第四个儿子，据说是一个典型的纨绔子弟，骄逸放纵，名声欠佳。无论是文才武略还是人气指数，他都远远不如两位哥哥。在皇位争夺战中，他站到了太子党那边。三兄弟从相亲相爱走向剑拔弩张，这样的局面让人唏嘘不已。

越越： 齐王好！（李元吉搭弓射箭，瞄准越越）——齐王饶命！

元吉： 小子，我不过是想看你怎么躲法，用得着这么害怕吗？真不好玩！

越越： 要玩您找尉迟敬德玩去，拿我们这些文弱书生开涮，算什么英雄好汉！

元吉： （暴跳如雷）小子，你说什么？上次那个"黑鬼"把我那马槊（编者注：指在马上使用的长矛）给夺了去，还连夺三次，简直是奇耻大辱！就算他是个英雄，本王迟早要灭了他！

越越： 恐怕很难吧，尉迟敬德是您二哥的第一猛将。得罪了您二哥，可就不好了！

元吉： 我怕得罪他？笑话！

越越： 你们亲兄弟闹得这样僵，皇上知道会伤心的。

元吉： 伤心又怎样？前些日子，二哥陪同父皇来我的齐王府，我还让护军潜伏在卧室，准备杀他个措手不及。李世民再聪明，警惕性再高，也不会防备的。

越越： （惊恐）啊？当着皇上的面暗杀？那您胆子太大了！后来呢？

元吉： 后来，后来没有了！这事被太子哥哥发现了，要我不要轻举妄动，说父皇已经上了年纪，不要让他受惊吓。唉，我也是为他着

名人有约

越越：想，对我有什么好处！

越越：是啊，这事对您有什么好处？大哥当皇帝和二哥当皇帝，对您来讲都是一样啊！您为什么非要站在李建成那边？

元吉：一来，我从小跟在大哥身边，感情深厚。二来，二哥太强了。

越越：那投靠强者胜算更大啊！

元吉：胜算大有个屁用！如果二哥赢了，他那么能干，还有我的机会吗？太子哥哥就不同了，我只要先和太子哥哥联手，1+1＞2，扳倒李世民之后，之后再……哈哈哈哈……

越越：您的机会？什么机会？夺皇位吗？（李元吉狂笑不语）原来您野心这么大啊！不过，你们两个估计都不是秦王的对手！

元吉：未必！现在天下太平，有什么军事行动，父皇都没有再用他，这不是摆明了不想让他再立功，再勾朋结友了吗？只要被我们抓住一点把柄，他那条小命就保不住了，哈哈……

越越：那为何这次杨文干叛乱，还派秦王去呢？

元吉：没人了呗！我和大哥是嫌疑犯，不便插手。

越越：有一件事我不明白，派去给杨文干传令的宇文颖是您的人，他为何怂恿杨文干叛乱？这一叛乱，您和太子不就洗不清罪名了吗？

元吉：你是怀疑我让他在中间挑拨离间，故意让大哥和二哥打起来？还是怀疑他是我二哥的人？

越越：都不好说。但这个事情疑点很多。只可惜秦王已经把宇文颖杀了，杨文干也死了，死无对证了。

元吉：这事把我们家闹得天翻地覆，现在，我父皇已经把大哥和二哥的手下都给流放了。

越越：各打五十大板？不对啊，秦王不是平叛有功吗？怎么也被罚了？

元吉：（挥手）不明白算了，皇家的事不是一两句能说得清楚的。本王要去打猎了，跟我一起去吗？

越越：算了。（低声）我还不想给你当靶子……（溜之大吉）。

广告铺

十八学士画像见面会

　　本画馆近日获得名画一幅，为当今最牛画家阎立本倾心所画，画的是当今最牛之人——秦王李世民手下最牛的十八学士。其中既有博学多才熟读诗书的文人，又有能出谋划策的奇才。

　　想揭开他们神秘的面纱，一睹他们动人的风采吗？那就抓紧时间来观看吧！本画只展出一日，过时不候哦！

阎记画馆

文学馆成立了

　　经皇上审核批准，将在洛阳设立天策府。现向全国各地招募人才，通过者可封官晋爵，待遇丰厚。望能力突出、博古通今之人积极加入。除免费提供美酒佳肴外，秦王将与您彻夜长谈，共建大业。名额有限，欲来从速！

洛阳天策府

一个新的官职诞生了

　　自晋阳起兵，皇儿李世民身经百战，立下了盖世奇功。朕翻了翻前代官职，发现封什么官都配不上他，现特赐他一个新的称号"天策上将"，为文武百官之首，以示嘉奖。

李渊

智者为王

ZHIZHE WEI WANG

第2关

智者无敌 王者为大

1. 在李渊攻打长安的同时，李密在攻打哪里？
2. 杨广的禁卫军为什么对他不满？
3. 谁杀死了杨广？
4. 李渊是什么时候称帝的？
5. 李世民在泾州被谁打败了？
6. 李密为什么投唐？
7. 李渊为什么杀了李密？
8. 李元吉在镇守太原时被谁攻下了？
9. 刘文静因为什么罪被李渊杀了？
10. 谁带兵收复了太原？
11. 李世民在洛阳一战中消灭了哪两股势力？
12. 唐统一战争消灭的最后一股势力是谁？
13. 李渊当皇帝后封谁当了太子？
14. 李元吉是站在李建成这边还是站在李世民那边？
15. 李渊赐予李世民的封号是什么？

第 7 期
公元624年—公元626年

决战玄武门
李世民篇

穿越报
CHUANYUE BAO

【烽火快报】
- 真的要迁都吗？

【叱咤风云】
- 一匹马引出的风波
- 斗不过，躲还不成吗？
- 挖不倒的墙角
- 决战前夕
- 天下真要易主？
- 玄武门！玄武门！

【文化广场】
- 这就是玄武门

【名人有约】
- 特约嘉宾：李建成

【广告铺】
- 关于将租调制改为租庸调制的通知
- 关于均田制的改革
- 寺庙拆迁通知

穿越必读 CHUANYUE BIDU

皇位争夺战已进入白热化阶段。为了取得进一步的优势，双方纷纷拿出了自己的杀手锏，甚至不惜动用武力。在这险象环生的争斗中，一场举世震惊的血案发生了……

FENGHUO KUAIBAO 烽火快报

真的要迁都吗？
——来自长安的加密快报

这是公元624年七月，长安传来了一个令人震惊的消息，陛下决定迁都了。这是真的吗？

原来，就在杨文干叛乱的时候，突厥人又进犯中原，眼看就要打到长安了。

李渊回到长安后，有人向他提了个建议："突厥之所以老是进犯关中，是因为我们的人口与财富都集中在长安。如果一把火把长安烧了，把都城迁到其他地方去，突厥自然就乖乖回去睡觉了。"

李渊觉得这个建议不错，还特意派人去考察地形，真的打算迁都。

就在这时，李世民站了出来，说："我大唐拥有精兵百万，岂可用逃跑的方式逃避？请给我几年时间，我一定把绳子套在突厥可汗的脖子上，拉他来晋见陛下。"

李建成讥笑道："当年樊哙也说要用十万大军横扫匈奴，秦王跟他说的好像噢！"

面对李建成的嘲讽，李世民毫不退让，说："形势各异，用兵不同，不出十年，臣必平定漠北，绝无虚言！"

在几轮激烈的争辩之后，李渊最终被李世民的雄心所打动，决定让他带兵讨伐突厥。

叱咤风云 CHIZHA FENGYUN

一匹马引出的风波

李世民出征之前，李渊带着三个儿子到城南打猎。

李建成有一匹胡马，长得膘肥体壮，性子很烈。他把马拉到李世民面前说："二弟马骑得厉害，要不要骑上它试试？"

李世民一笑，二话不说，直接跳上马背，看准一只野鹿，追了过去。果然，没跑多远，这胡马就一顿乱踢。还好李世民反应很快，从马背上跳下，站到数步之外。

胡马在地上打了个滚，又站起身来，李世民再次爬了上去。这样重复了三次，李世民都没有受伤，还回过头对部下说："太子想用这匹马来害我，可是生死有命，又怎么能够伤害到我呢？"

但这句话从李建成的嘴中说出，就变成了："秦王自称有天命，是天下人的主人，怎么会白白死去呢？"

不出所料，李渊听到这话后，大发雷霆，把三个儿子召来，当面指责李世民说："天子自有天命，不是耍花招就能谋取的。你为何如此心急，想得到这个位置呢？"

李世民急忙摘去头冠，叩头谢罪，请求查明真相，证明自己没有说过这种大逆不道的话。

李渊仍然怒气不消。这时，有人来报突厥入侵。李渊这才让李世民戴上头冠，并安慰了他几句话后，让他整装出发。

就在李世民在前线浴血奋战时，李渊在宫里听到的却是："秦王名义上是想平定突厥，实际上是想总揽兵权，篡夺帝位啊！"

所以，尽管李世民平息了战事，与突厥建立了盟约，但李渊对李世民的猜疑反而越来越重了。

BAIXING CHAGUAN

百姓茶馆

秦王中毒，谁下的手？

怪事发生了！昨天这太白金星（指农历六月初一）居然大白天出现在天空正南方的午位！莫非天下要发生大事了吗？

茶叶店李掌柜

秦王府家丁甲

有可能。现在秦王和太子争得你死我活。昨天晚上，太子请秦王去东宫喝酒。结果秦王喝着喝着肚子就痛了起来，回去之后，吐了数斗血，还好医治及时，才捡回来一条命。大家都说是太子在酒里下了毒！

数斗？那秦王吐的血真不少啊！这一斗血你们知道有多少吗？回去用小斗量一量，光吐一斗血他都会没命了（编者注：唐代一小斗相当于现在的四百毫升）。可现在他居然还活蹦乱跳的，简直不是人，是神啊！

救世堂王中医

李秀才

你的意思，这个是秦王的计谋？可皇上明明将太子训斥了一顿，叫他们以后不要叫秦王喝酒了。这不明摆着，这酒有问题吗？

具体是什么情况，只有他们当事人最清楚。现在最难做的人是陛下。作为皇帝，他不愿意破坏立嫡立长的规矩；作为父亲，他不愿意看到手足相残。这几兄弟闹的事，够他喝一壶的了！

私塾王先生

105

叱咤风云 CHIZHA FENGYUN

斗不过，躲还不成吗？

眼看几个儿子水火不容，李渊也是"一个头，两个大"。他不想儿子们自相残杀，但是辛辛苦苦打下的江山，最后还是要留给他们的。可是江山两家都想要，怎么办呢？那就一人一半吧。

李渊的解决方案是：让李世民离开长安去洛阳，允许他建"天子旌旗"，也就是说，李世民可以以天子的名义管辖当地百姓。

李世民表示不愿离开父亲，一再跪在地上哀求。李渊无可奈何地说："洛阳和长安，离得又不远，如果朕想你了，去看你也方便，你还是去吧。"

正当李世民要去洛阳时，李元吉却跳出来跟李建成说，要是让李世民去了洛阳，无异于放虎归山。在那里，他有地、有兵、有权，我们想再搞定他就更难了。但如果留他在长安，长安是

叱咤风云

皇家重地,又有父皇的支持,搞定他还不是分分钟的事情。

李建成经这么一提醒,马上就指使手下给李渊上了本密奏,说:"秦王身边的人得知他要去洛阳的消息,无不欢喜。以后恐怕再也不会回来了。"裴寂等人也纷纷在李渊旁边吹风,后来,李渊也就不再提这件事了。

为了进一步打击李世民,太子集团又发动了一连串的攻击,不停地在李渊面前说李世民的坏话,李渊信以为真,准备治罪李世民,甚至废掉他。

关键时刻,有人站出来说:"秦王殿下为大唐立过汗马功劳,不可废掉啊!而且他性子刚烈,这样贬斥他,他内心忧愤,八成会生病,到时陛下后悔也来不及了啊!"

李渊心一软,就又搁置了下来。李元吉一见,急忙拼命地劝说父皇杀掉二哥。李渊无奈地说:"世民平定天下,立有大功。没有确凿的证据,怎么能杀了他呢?"

李元吉说:"他刚刚平定洛阳的时候,一直赖着不走,四处散发钱财,树立个人威望,还违背父皇您的命令,这不是想造反吗?只管杀了他就是,还怕找不到理由?"

话虽然是这么说,但毕竟是自己的亲生儿子,李渊到底还是下不了手,拒绝了李元吉的提议。

叱咤风云 CHIZHA FENGYUN

挖不倒的墙角

既然老爹下不了手，李建成决定从另一方面下手，那就是挖李世民的墙角，把他手下的能人给挖过来。

首先被选中的是尉迟敬德。此人跟着李世民出生入死，曾救了李世民多次，算是他的救命恩人。

这天，李建成派人送了一封信给尉迟敬德。信上写道："我希望能够得到您的照顾，以便加深我们之间的情谊。"为了表示自己的诚意，他还送了一车金银器物到尉迟敬德府上。

尉迟敬德回了一封信："殿下，我尉迟敬德出身贫贱，多年来，一直都干着反朝廷的事情，实在是罪大恶极，死有余辜。"

客气几句后，尉迟敬德接着写道："是秦王殿下，给了我一个重新做人的机会。我今天所有的一切，都是他给我的。这样的恩德，我怎能不以死报答呢？而我对太子殿下没有任何功劳，不敢接受这么厚重的赏赐。如果我收下了这份礼物，就是对秦王怀有二心。一个见利忘义的人，太子殿下要来又有什么用呢？"

李建成看了这封信，气得发誓再不和尉迟敬德有来往。

李世民知道这件事后，感动地对尉迟敬德说："你对我的忠心，比泰山都坚实牢靠。即使他送给你的金子，堆起来能顶住北斗星，我知道你也不会动摇的。只是，以后他要是再送你礼物，

叱咤风云

你就收下吧,用来修缮一下房屋,添置几个仆人也好。而且这么做,还可以打入他们内部,了解一下他们的阴谋。你这样直接拒绝他,他下不了台,我担心他会报复你啊!"

果然,没过几天,李元吉就派了名刺客去暗杀尉迟敬德。

尉迟敬德得知这个消息,却毫不在意。等那刺客潜入他的府邸时,发现房门大开,他躺在屋内一动不动。刺客心生疑虑,徘徊了半天不敢进去,最后灰溜溜地走了。

刺杀计划失败了,李元吉又使了一个阴招,他跑到李渊面前告了一状,说尉迟敬德居功自傲,除了李世民外,不把任何人放在眼里,还企图谋反。

李渊一怒,下诏将尉迟敬德抓进了监狱,准备将他杀掉。最后还是李世民再三请求,尉迟敬德才被放了出来。

鸿雁传书 HONGYAN CHUAN SHU

非得走到那一步吗?

穿穿老师:

您好!最近我那两个兄弟对我步步紧逼,先是要将程咬金外放,紧接着,又让父皇把我的左膀右臂房玄龄和杜如晦逐出秦王府,不得与我见面。这样下去,就像程咬金说的,是要砍掉我的四肢和羽翼啊!而最近发生的两件事,更是把我往绝路上逼。

第一件事是:突厥又来了,我那弟弟主动请求带兵出战,平时作战没见他这么积极。后来我才明白,原来他是想把我身边的猛将都调走,让我变成"光杆司令",任人宰割。

第二件事是:我收到一个绝密情报,他们打算出征的时候,让我一起去送行,然后在昆明池(位于今西安市)布下天罗地网,杀了我。

"树欲静而风不止"。我的心腹们天天劝我早日采取行动,先下手为强,不然自身难保。难道我非得走到那一步,和我的兄弟一决生死吗?

李世民

秦王殿下:

您好!兄弟相残,自古以来,就是人所不耻的。但两虎相争,必有一伤。如今要一方停下来,都已不太可能。你们的性命关系到国家的生死存亡,我也不好乱出主意。

不过,您要实在不知道怎么做的话,就听听大家的意见,比如房玄龄、杜如晦,这两个人是太子殿下最为忌惮的人,还有您的大舅子长孙无忌,不也是"点子大王"吗?您可以把他们叫来,一起商量商量,毕竟你们是一条船上的,相信他们能够给出好的建议。

《穿越报》编辑

CHIZHA FENGYUN 叱咤风云

决战前夕

在得知李建成要发动昆明池政变后，秦王府炸开了锅。眼看集体都要人头落地，大家纷纷劝说李世民赶紧采取行动。

长孙无忌向李世民劝诫道："大祸就要临头了，殿下该拿个准主意了。"

李世民叹了口气说："我们都是同胞骨肉，我怎么忍心下手呢？等他动手以后，我们再讨伐他们，岂不更好？"

尉迟敬德当即表示不同意，说："谁都不想死，这是人之常情。可是现在大家都愿意拼死跟着您干！这是为什么呢？这是天意啊！您不考虑自己的性命，总得考虑一下宗庙社稷吧！"

其实李世民又何尝不想大干一场呢？可是李建成在长安实力深厚，手下有两千多名骁勇善战的士兵，而他手下却只有八百名卫士，一旦失败，就会身败名裂。所以他没有十足的把握，怎么也下不了决心。

见李世民沉默不语，尉迟敬德气呼呼地说："如果大家的建议你都不听的话，尉迟还是回去做草头王算了，不能留在这里等死！"

长孙无忌也火上浇油："我也一起走！"

沉默了半天，李世民甩出一句："我想那么做也不是没有道理，你们再好好考虑考虑。"

尉迟敬德急了，吼道："殿下今天怎么婆婆妈妈的呢？做

事犹豫不决,这是不明智的;面临危险左思右量,这是不果敢的。况且王府里的八百名勇士已经全副武装,随时准备起事了。您就算不想干,也不行了!"

其他人也轮流上阵,说就连圣人舜当年都是逃脱了父母的迫害,才恩泽天下的。他们劝李世民不要为了小节,忘了国家大计。

李世民还是不放心,说:"那就算一卦,看看天意怎么样吧。"

正准备算卦时,大将张公谨赶到,一把夺过占卜的龟壳,扔在地上,说:"碰到无法决定的事情,才需要占卜问神。现在要做的事,这么明白,还占什么卜呢?如果占卜的结果是不吉利的,难道我们就不干了吗?"

到了这个地步,李世民想不干都不行了。关键时刻,他让长孙无忌请房玄龄和杜如晦两人速速前来。

可是,长孙无忌却一个人回来了,还捎来他俩的一句话:"皇上早就下旨不允许我们私下里和秦王见面,现在去见,肯定

是死罪，我们不敢去啊！"

原来，房杜两人担心李世民下不了决心，才故意激怒他。

李世民听了，果然勃然大怒："难道连房玄龄、杜如晦都不相信我，要背叛我吗？"

说完，解下配刀，交给尉迟敬德说："你去看一看，如果他们真的不来，就砍下他们的脑袋来见我。"

尉迟敬德见到房玄龄、杜如晦便说："秦王已经下定决心了，你们也别装了，赶快跟我们回府商量大事吧。为了不引起怀疑，我们不能一起走。"

于是，房玄龄和杜如晦穿上道士的衣服，偷偷摸摸地潜回秦王府，而尉迟敬德，则绕了另外一条路回到秦王府。

好了，现在人都到齐了，万事俱备了，只差大战一场了。

然而，就在这时，一道圣旨来到了秦王府——李渊要李世民入宫觐见！这是怎么回事，难道秦王府出现了内奸，东窗事发了吗？请密切关注本报接下来的报道。

叱咤风云 CHIZHA FENGYUN

天下真要易主？

李渊为什么这个时候让李世民进宫呢？

原来，他接到了一封密奏。密奏是一道关于天文的信息，说的是太白金星六月初三这天，大白天又出来溜达了，情况极为反常。更为反常的是，它出现的地点又在秦地。这不是上天在发出警报，秦王李世民不久后就要成为一国之君了吗？

不用说，这又是太子党散布的信息。

听到这个消息，现任国君李渊有点坐立不安了——朕这皇位才坐了多久，这么快就要下台了，李世民真的要谋朝篡位吗？于是，他立即宣李世民进宫觐见。

李世民看到那个奏本，很快明白了，他当即跪在地上哭诉道："父皇，这一定是太子殿下设的圈套，说我要谋反啊！作为兄弟，我没有对不起他们的地方，他们却不念

手足之情,一心想置我于死地。

他们的手下都是王世充、窦建德的人,他们这么对我,是要为王世充、窦建德报仇吗?"

李渊听了这个解释,心头的大石头也就落了地,便安慰了李世民几句。

李世民见李渊信了自己的话,赶紧火上浇油,又告了一状,说李建成和李元吉与后宫的嫔妃往来。

李渊一听,勃然大怒,马上下令,要求他们三兄弟第二天一早就来上朝,当面对质。

出了皇宫,李世民回到王府,和众人一合计,决定提前动手,地点就在太子入朝的必经之地——玄武门!

在夜色的掩护下,李世民率领一百多人赶到了玄武门,悄悄地藏了起来。

叱咤风云

玄武门！玄武门！

第二天早上，李建成和李元吉骑着马，一同向玄武门奔来。这玄武门的守卫原是李建成的人，所以二人一点防备都没有。

当二人来到临湖殿的时候，突然发现往日忙碌的宦官不见了！殿内似乎有刀光闪动。不好！有埋伏！二人立即调转马头往回跑。李世民见了，立即追了出来，边追边喊。

李元吉听到喊声，知道大难临头，立即弯弓搭箭，准备射向李世民。可能是太过紧张，一连三箭都没有射中。李世民却不慌不忙，"嗖"的一箭，射中了李建成。李建成当即摔下马，一命呜呼。

随后，玄武门的伏兵刹那间全部涌出，一阵箭雨之后，李元吉也被射下马来。

混战中，李世民的坐骑受到惊吓，奔入林中，并被树枝绊倒。李世民被摔了下来，半天没有爬起来。李元吉见了，立即冲了过去，一把夺下李世民的弓，用它勒住了李世民的脖子。

在这千钧一发之际，尉迟敬德骑马赶到，大喝一声："逆贼大胆！"李元吉自知不是对手，拔腿就跑，结果被尉迟敬德一箭射死。

没多久，太子和齐王的部下带着两千名精兵，将玄武门团团围住，誓要为太子报仇。还有人见攻不进玄武门，转身向秦王府冲杀过去。眼看一场血战即将爆发。

就在这时，尉迟敬德走上城楼，扔下两颗血淋淋的脑袋，

大喊道:"太子和齐王联合谋反,今天我们是奉皇上之命讨伐。他们都已经死了,你们还在为谁卖命!"

下面的人见主子都死了,顿时没了斗志,只好放下武器。

这时,李渊刚和一帮大臣从游船上下来,正在岸边休息,忽然见尉迟敬德身披铠甲,手握长矛,朝自己走来。要知道,这可是要杀头的大罪。

李渊怒斥:"你来这里做什么?"

尉迟敬德回答:"太子和齐王造反,已经被秦王杀了,秦王担心惊动陛下,特意派臣前来护驾。"

李渊听了,大吃一惊,忙问左右大臣:"没想到今天发生这种事,怎么办?"

这时,一些暗中支持李世民的大臣就站出来说:"李建成、李元吉本来没有什么功劳,两人妒忌秦王,策划阴谋事件。现在秦王已经把他们杀了,这是好事。陛下把国事交给秦王就没事了。"

到了这步田地,李渊要反对也没用了,只好忍着巨大的悲痛,宣布了李建成、李元吉的罪状,将全部军权交给了李世民。三天后,李世民被立为太子。

玄武门兵变,以李世民的彻底胜利而告终。

嘻哈园 XIHA YUAN

WENHUA GUANGCHANG 文化广场

这就是玄武门

随着这一场兄弟相争的风波，长安的玄武门也就出了名。亲爱的读者朋友，你知道这"玄武"是什么意思吗？

这玄武啊，和龙啊、凤啊一样，是一种想象中的动物，模样既像龟，也像蛇。

玄武的本意是"玄冥"，玄，是黑的意思；冥，是阴的意思。最早的玄武是指乌龟，因为龟背是黑色的。人们常常请乌龟到阴间去询问祖先，并把答案带回来。

由于龟生活在水中，玄武就成了水神；也因为乌龟长寿，玄武便成了长生不老的象征。

中国古代将东、西、南、北想象成四种灵兽，其中青龙代表东方，白虎代表西方，朱雀代表南方，而玄武代表北方。我们文中所讲的玄武门，就是长安大内皇宫大兴宫的一道北门。

大兴宫始建于隋文帝开皇三年（公元583年），负责该项工程的是隋朝杰出的建筑家宇文恺。为什么李世民要选在玄武门进行兵变呢？这个跟它在大兴宫的位置有关。

大兴宫由外朝和内廷两部分组成。外朝位于南部，主要是皇帝议政、设宴的地方；内廷位于北部，是皇帝、后妃起居、游玩的场所。

在它的四周，一共有十座城门。其中，北面的正门就是玄武门，是进出内廷的必经之地。也就是说，内廷的安危，取决于

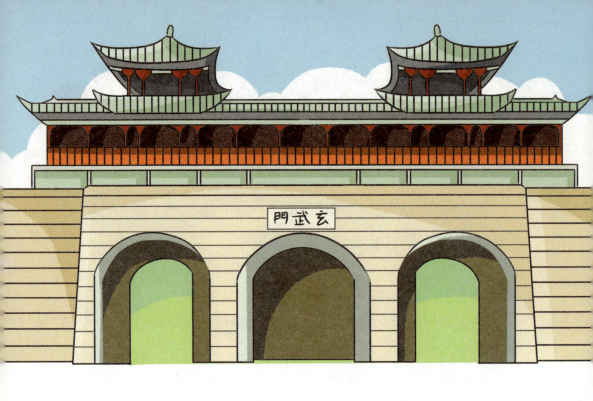

玄武门。

因此，宫廷禁卫军的总部就设在这里。所以，玄武门是大兴宫十座城门中，兵力最多、城门最厚重、工事最坚固的一道城门。

现在你明白李世民为什么要选在此地发生兵变了吧。因为控制了玄武门，就控制了内廷；控制了内廷，就控制了皇帝；控制了皇帝，就控制了朝廷；控制了朝廷，就相当于控制了整个国家。

历史上有名的玄武门，除了本文所讲的玄武门外，还有长安大明宫的玄武门，明都城南京故宫的玄武门，该门北面为玄武湖；清都城北京紫禁城的玄武门，后为避康熙帝玄烨的名讳，改为神武门；1911年，南京的玄武湖被辟为公园，公园的大门也相应地改名为玄武门，沿用至今。

名人有约

MINGREN YOU YUE

越越 大嘴记者

李建成 特约嘉宾

嘉宾简介： 他是大唐第一位太子，创业之初，也立下了赫赫战功，虽不及李世民，却一直深得李渊赏识。和李世民一样，他广罗人才，为稳定太子之位，作出了诸多努力。尽管如此，他还是被比小他十岁的弟弟给拉了下去。

越　越： 太子，您好。听说您能当上太子，是因为年长了几岁，实际能力远不如……

李建成： 不如李世民？笑话，从太原起兵到攻克长安，我哪次打了败仗？我当主帅的时候，他只是个副手！

越　越： 但还是没有秦王立下的战功多。

李建成： 这也不是我的错。身为太子，我的主要任务是协助父皇处理内政，毕竟统一全国后不能光靠武力。

越　越： 那皇上为何再三向秦王许诺，将来让他继承大统呢？

李建成： 那不过是父皇的权宜之计。实际上、父皇一直是站在我这个嫡长子这边的，根本就没考虑过其他人。前朝的杨坚废长立幼，结果整得好端端的隋朝灭亡了，这不就是一个血的教训吗？是李世民年少无知，自恃有功，在那里痴心妄想罢了。

越　越： 那秦王殿下功高震主，会影响您继位吗？

李建成： 说没影响是假的。元吉老叫我杀掉他。封德彝也劝我早点采取措施。

越　越： 封德彝？咦，那不是秦王的人吗？秦王对他可是信任有加啊！

李建成： 实际上他早就是我的人了！

越　越： 这些人真是老狐狸，一个比一个藏得深。那您

121

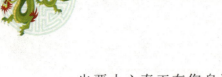

名人有约 MINGREN YOU YUE

也要小心秦王在您身边安插眼线。

李建成：这个就看各自的本事了。他身边人才不少，我这个太子也不是虚的。关键是，我手头有兵！前两年，东宫从全国招了两千多名守卫，全都是高手。

越　越：您在皇帝眼皮底下布兵，胆够大的。

李建成：这事不是被李世民找人告了吗？害我被父皇骂了一顿，不过没伤了我，无妨。

越　越：那秦王有什么动静没？

李建成：他也在洛阳招了些兵。我和元吉和父皇说怀疑那领头的张亮图谋造反，让父皇把他抓了起来。

越　越：你们也只是怀疑，没有证据吧？

李建成：所以要找证据啊！本来我们以为张亮出身贫贱，容易收买，没想到怎么逼也套不出一句话，最后只好把他放了。

越　越：秦王手下还有这样的人？佩服！

李建成：有什么好佩服的。这些人是傻，和太子作对，会有好下场吗？这次出征我们就打算将这些人一网打尽，以绝后患。

越　越：唉，听说殿下礼贤下士，温文尔雅，没想到今天变成这样。杀了秦王，您如何向皇上交差呢？

李建成：我也是没办法。父皇问起，我也只能说秦王暴毙身亡了。

越　越：皇上会信吗？

李建成：相信最好，不信的话，只好逼他退位了。好了，不说了，明儿还要上朝。李世民居然在父皇面前泼我脏水，说我与妃嫔勾搭。

越　越：那他为何要诬蔑你呢？

李建成：不知。元吉怕他要阴谋，叫我跟父皇说身体有恙，不能上朝。

越　越：那您还去吗？

李建成：不去不等于承认我做了这等丑事吗？不行，我一定得当面跟他对质！

越　越：殿下还是小心为好。我是局外人，不便多说。祝您好运吧。

（本次采访于玄武门兵变前夜。）

广告铺

关于将租调制改为租庸调制的通知

自北魏以来，一直是实行租调制，为促进农民生产，减轻农民负担，保障财政收入，特改为租庸调制。

原成年男子每年向官府缴纳一定量的谷物，或一定量的绢或布。现增加一条：在服徭役的期限内，不想去服徭役的人，可以纳绢或布代役。

李建成

关于均田制的改革

自魏晋以来，一直实施均田制。为减轻农民负担，抑制土地兼并，现将此制改动如下。

首先，之前以户为单位收取税金，现改为以男丁为单位收取税金；其次，从亲王到公侯伯子男，授田数从一百顷降到五顷；最后，对土地的买卖流转进行限制。

李建成

寺庙拆迁通知

近年来，寺院遍及各地，僧尼人数与日俱增。鉴于这种情况，朝廷做出以下决定：全国的僧人、尼姑，除修炼精深的人可迁到大寺观修炼，其余的全部还俗，返归故里。京城保留佛寺三所，道观二所，各州各留一所，其余全都拆除。

大唐中书省

第 8 期
公元626年—公元627年

太子党的下场
秦始皇窝

穿越报
CHUANYUE BAO

【烽火快报】
- 秦王当皇帝了

【叱咤风云】
- 不信世民言，吃亏在眼前

【名人有约】
- 特约嘉宾：唐太宗李世民

【广告铺】
- 大型顶尖歌舞剧《秦王破阵乐》
- 悼念亡兄亡弟
- 安民告示

穿越必读 CHUANYUE BIDU

玄武门之变后，等待李世民的不仅是金光闪闪的天子之位，还有一连串惊心动魄的考验。李世民能否经得住这些考验呢？这片饱经战乱、历尽沧桑的土地，会迎来一个新的时代吗？

秦王当皇帝了
——来自长安的喜报

公元626年,李渊宣布正式退位,自称太上皇。太子李世民(史称唐太宗)成功地登上了皇位。据说李世民曾反复推辞,但还是推辞不掉,最后才勉强答应了。

即位当天,太宗就宣布大赦天下,免除两年的赋税。随后,又将三千名宫女放出宫,让她们回到父母的身边。

圣旨一下,全国欢腾。老百姓盼了这么久,终于盼到了一个明君。尽管国家才刚刚安定,但大家相信,在太宗的治理下,一定可以过上好日子。

比百姓更开心的人,是太宗的那些亲信,他们冒着生命危险为太宗办事,现在太宗登上皇位了,自然不会亏待他们。

以前秦王府的那些人,一个个都被封了大官,得到了大量田地和金银珠宝等赏赐。

从此,一个新的时代即将到来。等待老百姓的又将是什么呢?

都城长安的喜报!

百姓茶馆 BAIXING CHAGUAN

太子党的下场

你们知道吗？李建成和李元吉因为谋反，家全部被抄了。本来那些余党也逃不了，最后还是尉迟敬德说过错全在李建成和李元吉身上，不要再滥杀无辜了，这些人才幸免于难。

马场王场主

本来能留住条命就不错了。没想到皇上不仅既往不咎，还让他们继续做官。比如冯立，兵变时，为了救李建成，拼死作战。皇上敬他是条好汉，赦免了他。真是好皇帝啊！

侍卫小张

还有个叫薛万彻的将军，不仅带兵攻打玄武门，还带兵攻打秦王府。失败后他逃往终南山，躲了起来。皇上也没有降罪于他，还三番两次派人去安抚，最后也官复原职了。

终南山老翁

听说被皇上第一个找来的人叫魏征，这人早就劝李建成除掉皇上了。皇上问他："你为什么要挑拨我们兄弟的感情？"你们猜魏征怎么回答的——他说："可惜太子没听我的话。不然，也不会有今天这样的事了。"皇上不但没有生气，还赦免了他呢。

村民甲

对敌人，皇上都有这么大的度量，天下还有谁会不服呢？

绸缎店小二

叱咤风云

不信世民言，吃亏在眼前

虽说太宗不计前嫌，并且以实际行动宽恕了太子党，可还是有人担心被清算，举起了造反的大旗。是谁这么不识抬举呢？

记者经过一番深入调查得知，这人是李渊的侄子，庐江王兼幽州都督李瑗。论关系，他是皇上的堂兄弟，也是太子党的一员。

李建成死后，太宗派使臣请李瑗入朝面圣，并承诺饶恕他的"罪行"。遗憾的是，李瑗对这番话半信半疑。犹豫不决间，他把死党王君廓（kuò）找来商议。

这王君廓早年是瓦岗军的一员，投唐后，因勇猛过人，被高祖派去辅佐李瑗。

李瑗对王君廓非常信任，并和他结成了亲家。但他万万没想到，知人知面不知心，这个王君廓一肚子坏水，一心想的是，先劝李瑗造反，然后再捉拿他来博取功名。

王君廓假惺惺地鼓动他说："王爷可千万不能入朝，一旦入朝，肯定会被李世民杀了。如今您有数万兵马，为什么还要去自投罗网啊？"说着还哭了起来。

李瑗信以为真，感动地说："那我就把命托付给你了！"之后，他把太宗派来的使臣关进大牢，将全部兵马交给王君廓指挥，正式举兵造反。

这时有个部下劝李瑗说："王君廓是个反复无常的人，不能

叱咤风云 CHIZHA FENGYUN

够把兵权交给他，还是交给燕州刺史王诜（shēn）吧。"李瑗又开始犹豫不决。

王君廓知道后，索性带人把王诜杀了，然后鼓动将士们说："李瑗与王诜谋反，关押使臣，擅自发兵，如今王诜已被斩首，只剩下李瑗一人，无依无靠。你们是愿意一起造反被灭族呢，还是和我一起平定叛乱，享尽荣华富贵？"

这还用得着选吗？将士们很快喊道："我们愿意随您讨伐逆贼！"并把使臣从大牢里放了出来。

李瑗收到消息，连忙带着几百人全副武装跑出来，却被王君廓堵截在门外。

王君廓对着李瑗身边的人喊道："李瑗犯上作乱，你们为什么要陪着他去送死呢？"

众人一听，吓得一下全逃光了，留下李瑗一个"光杆司令"。

这下，李瑗总算全明白了，他指着王君廓破口大骂："你这个小人，竟然卖我求荣，也不会有好下场的！"

王君廓手一挥，当场就把李瑗给勒死了。

事后，王君廓因平叛有功，被任命为幽州大都督。李瑗一家人全部成了他的奴仆。

（王君廓在幽州成天胡作非为，鱼肉百姓。公元627年，因做贼心虚，怀疑被他人告发，逃往突厥，途中被人杀死。）

鸿雁传书

HONGYAN CHUAN SHU

不信天子信鬼神

穿穿老师：

您好！听到李瑗造反未遂，反而被杀的消息，我这每天都吃不好，睡不香。想当年，我和李瑗可是太子爷的左右手啊，现如今他被灭了，下一个会不会轮到我呢？

前些天，我通过我夫人认识了一个奇女子，名叫李五戒，是个相面高手，她给我们夫妻看相，说我夫人"面相贵不可言，会母仪天下。"说我"十日之内，必当大位。"这不是说我夫人会当皇后，我会当皇帝吗？

最近夫人老劝我干一番大事业。我本来犹豫不决，但现在李瑗的死给我敲响了警钟，我该不该行动呢？

开府仪同三司　李艺

李大人：

您好！当年您身为幽州一方诸侯，率军投唐，为大唐立下大功，被先皇封为燕王，并赐国姓"李"，相信很多人都记得。如今，时过境迁，"一朝天子一朝臣"，我也明白您现在的不安，毕竟您站错过队伍。

但您仔细想想，太子死后，太宗并没有像对待李瑗一样，让您入朝，而是直接封您为开府仪同三司，食封一千二百户。这可是当朝级别最高的一品官了。这说明皇上并不想重蹈覆辙，再逼另一个"李瑗"出来。

如果您听信一个江湖术士的话，起兵造反，实在是不智之举，劝您还是三思而后行吧。

《穿越报》编辑　穿穿

【公元627年，李艺起兵造反，事败之后被杀。李艺被剥夺赐姓，重新姓罗，叫罗艺。】

嘻哈园 XIHA YUAN

名人有约

MINGREN YOU YUE

越越 大嘴记者

唐太宗李世民 特约嘉宾

嘉宾简介：他随父起兵，靠武力统一了天下，靠武力获得了皇位，可以说，他的前半生就是一部战争史。现在，当这位令人闻风丧胆的战神卸下盔甲，走上朝堂，成为一代帝王时，他还会继续用武力征服大唐百姓的人心吗？

越　越：恭喜陛下！这段时间我一直想采访您，您为何一直避而不见呢？

唐太宗：唉，就知道躲不过，你问吧。

越　越：关于那天的事，有一处我不太明白，你们在玄武门打得火热，太上皇为什么还在湖上泛舟呢？难道他耳朵有问题，没听见？

唐太宗：……

越　越：或者是那些宫女、侍卫眼睛有问题，没看见？

唐太宗：……

越　越：或者，恕我大胆猜测一下，会不会是实际上太上皇当时已经被你们控制了？

唐太宗：……

越　越：据我了解，陛下能言善辩，怎么今天不吭声了呢？

唐太宗：（黯然神伤）这个没什么好说的……毕竟是自己的亲人，一家人起内讧，不是什么光彩的事。

越　越：既然是亲人，那您为何还要对他们下手呢？

唐太宗：难道你要我坐着等死吗？我李世民什么时候窝囊过？

越　越：可是……

唐太宗：（面露不悦之色）我们可不可以换个愉快点的话题呢？

越　越：（吐了下舌头）好吧。不管如何，现在大家都在称赞您，说您胸襟宽广，大人大量，皇帝肚里能撑船……

唐太宗：哈哈！好了，没有人在背后骂我吗？

越　越：当然有了，说您把魏征那些太子党，一个个都封了大

131

名人有约 MINGREN YOU YUE

官，却把自己身边的功臣排在他们后面，不公平！

唐太宗：错，正是为了公平，我才这样做。他们为我出生入死，难道我不知道吗？但作为一国之君，我们选择人才，必须任人唯贤，才能让大家心服口报。我们设官吏的目的不就是为了天下，为了百姓吗？

越　越：嗯，这样做，最起码让为太上皇做过事的老臣没话讲了。

唐太宗：那些老臣不好管，一个个都是老滑头。比如那封德彝，身为宰相，居然从来没有向朝廷推荐过一个人才。朕问他，他居然说现在没有人才。

越　越：这倒是可笑！那古时的明君，都是从哪里找来的人才呢？分明是他自己嫉贤妒能，怎么能诬蔑整个时代的人呢？这人心胸如此狭隘，绝对不能再当宰相了！

唐太宗：算了，他年纪大了，最近也常生病，朕就不与他计较了吧。

越　越：……那当我没说吧。

唐太宗：哎，那不成，有什么意见还是要讲嘛，我喜欢！我登基后，第一个敢跟我提意见的人，我就奖了他一座价值百万的大花园。

越　越：（两眼再度放光）有这等事？

唐太宗：嗯。后来向我进谏的人就越来越多了。裴寂你知道吧？这人在隋朝的时候，只会溜须拍马；到了我朝，就成了敢于谏言的忠臣了。如果大家都像他这样，还愁国家治理不好吗？

越　越：我怎么觉得这种人，只善于溜须拍马呢？他都已八十高龄了，还这么拼，真是佩服！

唐太宗：比起拍马屁，朕还是希望大家多提意见，朕刚登基，有什么地方做得不好，还望百姓们多多海涵啊！

越　越：陛下时刻将百姓挂在心中，是百姓之福啊！

唐太宗：荀子说得好，"君者，舟也；庶人者，水也；水能载舟，亦能覆舟。"在朕心中，老百姓永远是摆在第一位的。

越　越：相信在陛下的治理下，大唐会更加繁荣昌盛！老百姓的生活会越过越好！

唐太宗：一定会！朕会全力以赴！大家拭目以待吧！

广告铺

大型顶尖歌舞剧《秦王破阵乐》

　　为了庆祝秦王当上皇太子，今晚我们将有一场盛大的《秦王破阵乐》歌舞剧演出。本剧是皇上为表彰太子艰苦创业的精神，特地命人编排的一组的大型歌舞剧。该剧以雄壮动听的龟兹乐为基调，由百人乐队、百人合唱团、百人舞蹈队共同表演。激情洋溢的战斗场面，再配以震撼心灵的音乐和歌舞，让你忍不住翩翩起舞，击节呐喊。

长安戏班

悼念亡兄亡弟

　　李建成与李元吉因谋反被杀，但他们也是我的亲兄弟。念在手足之情，现追封李建成为息王，李元吉为海陵王。安葬那天，朕将陪送灵车到安葬地，原东宫和齐王府的幕僚属官可同来送葬。

李世民

安民告示

　　天下初定，为安定局面，凶逆之罪，只限于建成、元吉二人，其余党徒，一概不问其罪，不准检举揭发。违令者将治以重罪。

李世民

穿越报
CHUANYUE BAO

第 9 期
公元626年—公元630年

最辉煌的胜利

【烽火快报】
· 两国交兵，就抓来使

【叱咤风云】
· 一人吓退十万大军
· 最辉煌的胜利

【名人有约】
· 特约嘉宾：李靖

【广告铺】
· 严禁重法，废除绞刑
· 官在得人，不在员多
· 庆功会
· 大唐天子天可汗

【智者为王】
· 第3关

穿越必读 CHUANYUE BIDU

解决了太子党，李世民面对的是比太子党更强大的敌人——突厥。在四年的养精蓄锐后，大唐帝国几乎于一夜之间，平定了东突厥。自此，四海之夷纷纷臣服，李世民也由此获得了一个史无前例的尊号——"天可汗"。

烽火快报
FENGHUO KUAIBAO

两国交兵，就抓来使
——来自长安的加急快报

说来真是可恶，这大唐刚换了皇帝，形势还不稳定，就有人想趁机来捞一把。谁呢？当然是大唐的老邻居东突厥了。

有人亲眼目睹，不久前，突厥的两位可汗率二十万雄兵直抵渭水河畔，距离长安只有四十里！

不过，因为对新皇帝的情况不太了解，突厥先派了个使者进长安打探。

见了太宗的面，使者傲慢地说："我们突厥的可汗率百万大军，现在已经到了长安城外！你们还是出城投降吧！"

太宗怒道："你们违背了盟约，不感到愧疚，还在这里夸夸其谈，我今天就先杀了你再说！"

使者见太宗真急了，连忙磕头求饶。有大臣站出来求情说："他不过是个送信的，应该遣送回去才是。"

太宗回道："我今天如果放他回去，突厥人还以为我怕了他们，以后就会更加无礼！"说完，下令将使者囚禁起来。

按照常规，两国交兵，不斩来使。太宗这么做，会带来什么样的后果呢？请继续关注我们接下来的报道。

叱咤风云 CHIZHA FENGYUN

一人吓退十万大军

囚禁了突厥使者后,太宗骑上战马,带上房玄龄等六人,气势汹汹地来到渭水河边,将突厥的可汗狠狠地斥责了一顿。

突厥人违背盟约在先,本来理亏;又见太宗敢一人出战,不禁心生狐疑。

就在这时,太宗的身后突然旌旗招展,铠甲闪耀。突厥人举目一看,漫山遍野几乎都是唐军,不由面带惧色。眼看一场大战就要爆发,太宗却令军队稍稍向后,严阵以待,自己一个人留下来和突厥的可汗谈话。

萧瑀拦住太宗马头,劝他不要过于轻敌。

太宗说:"突厥远道而来,是欺负我刚刚即位。若向他们示弱,闭门不理,他们会越发猖狂,所以,我单枪匹马和他们对话,对他们视若无睹,他们反而不敢轻举妄动。能否制服突厥,在此一举!"果然,突厥不知大唐底细(其实长安城里能拿起兵器打仗的不过几万人),不一会儿便请求和谈。

第二天,双方在渭水边歃(shà)血为盟。太宗命人给突厥送上大批财物。突厥人得了好处,便眉开眼笑地撤了兵。

事后,萧瑀问:"陛下是用什么办法,让突厥人不战而退了呢?"

太宗回答:"我刚刚即位,国家需要安宁。一旦开战,必添杀伤,老百姓不免憎厌我。如今给他们一点钱财,他们必然骄傲,骄傲是灭亡的开端。这就是'欲取之,必先予之'的道理。"

鸿雁传书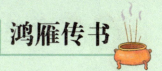

天赐良机,灭"突厥小弟"

穿穿老师:

你好!自从被突厥人在渭水狠狠敲了一笔后,我就加强了军事训练,甚至不惜在宫中训练,希望有朝一日能一雪渭水之耻!

现在,机会终于来了!前不久,东突厥发生天灾,下了场大雪,大量牲畜都被冻死了,老百姓又冷又饿,纷纷叛逃。颉利可汗与突利可汗起了内讧,现在突利向我求援来了。

这实在是个天大的好机会!可让我痛苦的是,我却没法去珍惜,因为以大唐目前的国力,还不足以消灭他们。怎么办?难道要我放弃这个好机会吗?我不甘心!

李世民

皇上:

您好!既然现在国力有限,没办法"消灭"他们,那我们就换一种思路,"削弱"他们如何?

据我所知,突厥可汗有个"小弟",叫梁师都,很早就倚仗突厥人的势力,在朔方(今陕西省横山县)称帝。上次突厥兵临渭水,就是受了他的唆使,着实可恶。现在突厥自顾不暇,何不趁机把他除掉呢?

不过,虽然梁师都的地盘不大,但也不容小觑。之前你们也交过手,没占到什么便宜。建议您先写一封劝降信,探探他的口风。如果不从,也不用急,他不愿意不代表那里的老百姓不愿意、他的手下不愿意。只要他们君臣不是一条心,那梁师都也就不足为惧了。

《穿越报》编辑 穿穿

【唐太宗先是写信劝降,未遂之后,派人成功地离间了梁师都与群臣的关系。公元628年,梁师都被自己部下杀死了。】

最辉煌的胜利

没有了后顾之忧,那还等什么呢?公元629年,太宗决定先下手为强,派兵部尚书李靖率领十万大军,向突厥发起攻击!

第二年正月,李靖领着三千精兵,顶着漫天风雪,连夜突袭突厥大本营——定襄郡(今内蒙古自治区和林格尔县)。

面对"从天而降"的唐军,颉利可汗惊慌失措,当即判断,这次大唐一定是倾全国之力来攻打我们。不然,李靖绝不敢偷袭。

于是,唐军还没开打呢,突厥自己就先乱了。李靖趁机攻入城内,打得颉利可汗落荒而逃,最后身边只剩下几千人。

为了赢得喘息的机会,颉利可汗连忙派人去向太宗谢罪,表示愿意举国投降,到长安朝见太宗。太宗看出这是他的缓兵之计,于是一面派人去安抚他,一面令李靖继续进兵。

李靖接到命令后,准备在颉利可汗迎接使臣的时候偷袭他。

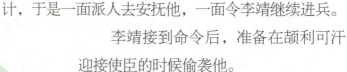

有人不解地问:"既然皇上已经准降,使臣还在突厥大营中,怎么能在这个时候发动攻击呢?"

李靖回答:"战场形势瞬息万变,机不可失。当年韩信大破齐国,便是抓住了战机。如果能够击败突厥,损失一个使臣又有什么关系呢?"

颉利可汗接到使臣带来的诏书,以为太宗上了他的当,十分得意。

他哪料到,这个时候,唐军正乘着大雾,悄悄地向突厥兵营进发。一直走到在距颉利大帐只有七里远的时候,突厥哨兵才发现他们,但是,一切都已经来不及了。

突厥兵吓得四散而逃。颉利可汗见势不妙,如同惊弓之鸟,又慌忙骑马逃跑,最后被部下抓住,交给了唐军,并被押送到长安。

太宗自豪地对大臣说:"过去太上皇因为百姓的缘故,对突厥称臣,朕常常痛心疾首。如今突厥首领向朕叩头,终于可以一雪前耻了。"

在这次战争中,唐军一共消灭了一万多名突厥兵,并获得了许多俘虏和牲畜。

就这样,曾经强大的东突厥至此灭亡。自阴山以北六百里的广阔土地,全部纳入了大唐版图。

唐朝的威望一下竖立了起来,四方大小国家、部落纷纷称臣,共尊唐太宗为"天可汗"。

嘻哈园 XIHA YUAN

BAIXING CHAGUAN 百姓茶馆

得人心者得天下

突厥人归附我们大唐好是好,但一下子多了十几万俘虏,意味着多了十几万张口要吃饭,这可是个大问题!要是跟咱们抢粮食可不行!

农民张根生

李秀才

这些胡人精得很,弱的时候就装"孙子",强的时候就叛乱。当年晋朝允许胡人到中原地区定居,不过二十年,就发生胡人大暴乱。前车之鉴,不可不防!

孔子曰:"有教无类。"既然他们归附了我们,就应该像对待大唐子民一样对待他们,教他们做事、学礼,好好地安置他们才好。

张举人

龙门客栈王掌柜

皇上也是这想法!他已经决定在两个可汗原来的大本营设置几个都督府,并将东突厥安置在那里,让他们世世代代为大唐守卫边疆。这样他们既不用当俘虏,又得到了土地,能不臣服于大唐天子的统治之下吗?

皇上还说,对他有功的,他不会忘记;对他不友好的,他也不会计较。如此气度,谁会不服哟!所以,现在皇上不但是大唐的皇帝,还是四夷共尊的万王之王,可以号令天下,哈哈!大唐万岁!皇上万岁!

虎门客栈熊掌柜

名人有约 MINGREN YOU YUE

李靖 特约嘉宾

越越 大嘴记者

嘉宾简介：他出身隋朝贵族，他的才华无与伦比，是个出将入相的人才。跟随李世民后，他指挥的几次大战，均取得了重大胜利，为唐朝的统一与江山巩固立下了赫赫战功。尤其是消灭突厥那一战，更是创下了不朽功勋，为世人称颂。

越越：哇！终于见到一代战神了！

李靖：呵呵，打个小仗而已，用得着这么夸张吗？

越越：但这次敌人可不一般，历朝历代要打败他们，几乎都是不可能的，更别说消灭他们了。

李靖：那你知道是为什么吗？

越越：因为他们游牧民族，他们的活动范围太大了，不是草原、沙漠，就是丛林和高原寒地。打吧，找不着他们，等他们骚扰我们的时候再打吧，打不赢他们就跑了。这继续追吧，不知追到何年何月，劳民伤财；不追吧，人家来年养肥了羊和马，又卷土重来，唉！

李靖：所以啊，对付突厥，关键是不能让他们跑！

越越：腿长在他们身上，不让跑恐怕很难吧？

李靖：不难不难，只要找到他们的老窝，一窝端了，让他们跑不起来就成了。

越越：噢，我明白了，皇上八月份派你们出征，你们到了冬天才跟他们打起来，原来是去找他们的老窝啊！

李靖：（微笑）嗯。

越越：汉朝的李陵带兵五千进攻匈奴，落了个归降匈奴的下场；大人以三千骑兵深入敌军，能赢得如此漂亮，怪不得皇上说您"立下了不世奇功"！

李靖：这都是因为皇上英明，愿

名人有约

意给我立功的机会罢了。

越越：既然立了功，为何有人告您状，要求对您进行审判呢？

李靖：那是萧瑀没事找事，说我在攻下颉利可汗时，放纵部下抢掠奇珍异宝。当然这也怪我，没管好自己的兵。

越越：那皇上怪罪您了吗？

李靖：他训了我几句，不过后来又赏赐了两千匹绢给我。

越越：噢，莫非大人当初也是劝高祖起兵的功臣之一？

李靖：正好相反，我是阻止他的罪臣之一。

越越：（大惊）不会吧？

李靖：高祖在太原招兵买马的时候，我正担任马邑郡丞，在他帐下做事。发现他想反隋之后，我就把自己扮成一个囚徒，连夜逃出太原，向沿路的隋朝官员报告这一情况。谁知没人理我，估计是因为当时高祖位高权重，没人敢管。

越越：后来呢？

李靖：后来我就打算直接向隋炀帝汇报。谁知路上到处都是起义军。等我到达长安时，高祖已经起兵了。不久他就攻破了长安，把我抓了起来。

越越：那不是很危险吗？

李靖：是啊。现在想想都觉得后怕，当时高祖下令要把我推出去斩了。幸亏当时秦王极力为我求情，给我戴罪立功的机会，我才有今日。

越越：是啊，要真斩了，就太可惜了。当年杨素都说凭您的才能，可以坐上他的位置呢！如今还真坐上了。

李靖：嗯，既然有幸能遇上明君，大丈夫就应该建功立业。

越越：说起杨素，据说您跟他家的侍女红拂一见倾心，最后相约私奔，可有此事？

李靖：哪有的事，记者你小说看多了吧？

越越：（红脸）哪有啊，听说这红拂还有一个结拜兄弟叫虬（qiú）髯（rán）客，大家称你们为"风尘三侠"……

李靖：什么乱七八糟的，越说越不靠谱，今天的访谈就到这吧。

越越：哪有啊！尊夫人……（李靖已走）

143

广告铺

严禁重法，废除绞刑

以往律法过于残酷，现决定废除原律法中的五十多种绞刑条例，一律改为流放三千里或服苦役三年。

大唐吏部

官在得人，不在员多

自建国以来，各衙门机构臃肿，人浮于事，相当于每十个百姓就要供养九个官吏。为提高行政效率，节约行政开支，现决定精简朝廷官员，合并州县，望各地紧密配合。

大唐吏部

庆功会

为庆祝我军生擒颉利，特在凌烟阁备下盛宴，请各位皇儿、皇妃、公主及诸位大臣前来参加。我将自弹琵琶，为大家助兴！

太上皇李渊

大唐天子天可汗

为维护天下和平，维护天下秩序，今四夷之番自愿结成联盟，推我大唐天子为天可汗。凡成员国必须服从天可汗；各国新君即位，必须由天可汗下诏册封；各国军队必须统一接受天可汗的征调。凡破坏联盟和平的，天可汗均有权对其进行制裁。

四夷部落联盟委员会

智者为王
ZHIZHE WEI WANG

第3关

智者无敌
王者为大

① 李渊为什么想迁都？
② 李渊最后迁都了吗？
③ 秦王在哪里中的毒？
④ 李建成想收买李世民手下的哪位大将？
⑤ 将租调制改为租庸调制是谁？
⑥ 玄武是什么动物？
⑦ 专门为歌颂李世民谱的乐曲曲名叫什么？
⑧ 李瑗为什么谋反？
⑨ 紧跟着李瑗造反的是谁？
⑩ 李世民什么时候当的皇帝？
⑪ 李世民是唐朝的第几个皇帝？
⑫ 什么人在隋朝的时候，只会溜须拍马；到了李世民手下，就成了敢于谏言的忠臣了？
⑬ "君者，舟也；庶人者，水也；水能载舟，亦能覆舟。"这话是谁说的？
⑭ 东突厥和李世民在哪里歃血为盟？
⑮ 东突厥什么时候被消灭的？被谁带兵消灭的？
⑯ 李世民被四夷部落称为什么？

第10期
公元629年—公元642年

穿越报
CHUANYUE BAO

【烽火快报】
- 宰相驾鹤西去，太宗伤心欲绝

【绝密档案】
- 最佳拍档，房谋杜断

【叱咤风云】
- 敢向皇帝叫板的人
- 慧眼识英才，布衣一夜变卿相
- 一条由精神病人引起的律令

【名人有约】
- 特约嘉宾：长孙皇后

【广告铺】
- 关于高昌国的通告
- 科举考试即将开始
- 太上皇去世，大明宫停工
- 封吐谷浑可汗为青海国王

贞观盛世
李世民 篆

穿越必读 CHUANYUE BIDU

脱下盔甲，李世民接过了一个百废待兴的江山。他任贤举能、从谏如流，与群臣上下一心，终于开创了一个繁荣强盛的时代。这个时代，有着黄金般的色泽，也有着比黄金更璀璨的名字，它的名字叫做——贞观。

烽火快报

FENGHUO KUAIBAO

宰相驾鹤西去，太宗伤心欲绝
—— 来自长安的加急快报

就在大家为打败突厥而欢呼雀跃的时候，一个令人极为悲伤的消息传了过来——宰相杜如晦驾鹤西去，终年四十六岁。

其实早在出兵突厥之前，杜如晦就感觉身体不适，提出辞官的请求。太宗虽然同意了，但还是按照之前的待遇继续给他发放俸禄。

杜如晦回家养病后，太宗非常担心，先是派太子前去问候，随后又亲自前去探病。至于平时派去探望的使者和名医，更是数不胜数。

但杜如晦最终还是没能康复。

听到这个消息，太宗伤心欲绝，大哭不止，接连三天都没有上朝。之后很长一段时间，太宗都对他念念不忘。

有一次，太宗吃到一个特甜的瓜，吃着吃着就想起杜如晦了，于是命人切了一半送到他灵前祭奠。

还有一次，太宗赏给房玄龄一根银色的腰带，马上想起了杜如晦，就让房玄龄给杜如晦家捎一根。但太宗又听说魂魄怕银色，就赐了一根金色的腰带代替。

这个杜如晦究竟是什么人，竟然可以让太宗如此记挂？

绝密档案 JUEMI DANGAN

最佳拍档，房谋杜断

说起杜如晦，就不得不说到房玄龄。这两人交情深厚，可说是"公不离婆，秤不离砣"。早在太宗还是秦王时，就都跟着他了。

当时，高祖为了打压秦王，将他身边的官员一个个调往外地。秦王很是担忧。

房玄龄找到秦王说："其他人没有什么可惜的，杜如晦是辅佐帝王的人才，王爷想经营四方，一定要有他才行。"

秦王听后，大惊："要不是你，我就差点失去这个人才了！"

在秦王的努力下，杜如晦和房玄龄得以留在秦王府。

玄武门之变时，杜如晦和房玄龄因为参与策划，帮太宗谋得皇位。因此，论功行赏时，太宗封二人为宰相，得到的赏赐最多。

很多武将表示不服。太宗的堂叔李神通说："每次打仗，都是我们冲锋陷阵，出生入死，他们只是耍耍笔杆子，为何功劳竟在我之上？我不服！"

太宗也不客气，当场驳斥道："叔父你们举兵，首先是为了自己活命，打了败仗，朝廷也没有追究。至于房玄龄他们，您不要看他们没有上阵打仗，但就是凭借他们运筹帷幄，大唐江山才得以安定，功劳自然在叔父之上！"

大家看皇上连自己的堂叔都不给面子，也不敢说什么了。

JUEMI DANGAN 绝密档案

之后，房、杜二人齐心协力，共同治理国家，朝廷的典章制度，大多是由他两制定的。

房玄龄善于出计谋，杜如晦善于做决断。每次遇到大事，房玄龄总能给出多种计策，太宗无法取舍时，一定要等杜如晦来了，才做出最后的决断。因此，民间就有了"房谋杜断"的说法。

除了是左右宰相，两人同时还身兼数职。比如，房玄龄兼做国史的编撰管理工作；杜如晦兼任吏部尚书。有些大臣很不满：官位就这么多，你们两总不能全部占了吧，于是向太宗提出抗议。

太宗却说："朕让他们身兼数职，并不是因为他们是朕的旧臣，也不是因为他们立下过大功。而是他们的确能胜任这些工作。"

两人可以说是太宗的左膀右臂，缺一不可。如今杜如晦先行而去，这好比太宗缺了一只胳膊，他能不伤心吗？

叱咤风云 CHIZHA FENGYUN

敢向皇帝叫板的人

虽然太宗失去了一个贤相，但是大唐人才济济，很快，新的接班人就敲定了。新相叫戴胄，据说是杜如晦临终前举荐的。此人是出了名的秉公执法，就连对皇上也不例外。

这一年，太宗为了网罗人才，鼓励大臣们举荐。可是，举荐刚开始，就发现有人弄虚作假，谎报出身和资历，以骗取官职。

太宗大怒，下令要这些造假的人投案自首，否则查出后就处以死刑。

不久后，果然抓到一个谎报资历的人，太宗就交给戴胄审理。戴胄根据律法规定，判处这人流放。

太宗知道后大发脾气，对戴胄说："我下过命令，不主动自首就要处死，而你却判了流刑，这不是让我失信于民吗？"

戴胄说："陛下的命令只是出于一时的喜怒，而律法才是应坚持的原则。陛下应该按照律法办事，忍耐个人一时的愤怒，保存国家的信誉！"

太宗马上转怒为喜，说："有你这样依法办事的臣子，我还有什么可担心的呢！"

还有一次，长孙无忌受到太宗的召见，在进入宫殿的时候，没有解下佩刀，按照律法当判处死刑。

因为长孙无忌是国舅，又是太宗的得力助手，负责处理这

叱咤风云

件事情的官员，把罪责都归咎在看门的小兵身上。最后判决，看门的校尉失职，罪当处死；长孙无忌误带佩刀入宫，罚铜钱二十斤。太宗居然同意了。

这时，戴胄又站了出来，反驳道："校尉没有察觉与长孙大人佩刀入宫，都是因为一时疏忽。皇上如果念在长孙大人有功，从轻处置，那不关律法的事。但如果依法处理，仅罚铜钱二十斤，恐怕不太合理吧？"

太宗自知理亏，说："法是天下人的法，怎么能够因为长孙无忌是皇亲国戚，而不执行？"于是让官员重新判罚。

然而，判决结果还是和原来一样！

戴胄明白，太宗不可能杀长孙无忌，便退一步替校尉求情道："按理说他们的过错是一样的。判决也应该是一样的。"

太宗于是免除了校尉的死罪，两人一概不予追究。

鸿雁传书 HONGYAN CHUAN SHU

纵囚归家,是场秀?

穿穿老师:

您好!最近我们碰到一件头痛的事。再过十几天,不是要过年了吗?皇上到我们这儿来视察,看到那些死囚犯,居然心生怜悯,要放他们和家人回家过最后一个年,并提了个要求,要他们明年秋天自行返回长安就刑!

天啊,皇上怎么这样天真呢?这些犯人要是有机会,逃都来不及,怎么还会主动回来呢?这批犯人有三百九十名,只要有十分之一没回来,就够我们忙的了。

为了树立自己的明君形象,皇上就要这么表演吗?要是以后经常这么做,律法不就变成一纸空文了吗?

大理寺某官员

大人:

您好!如果您认为皇上此举是作秀,那您是低估了皇上,也错解了他的良苦用心。

生命对每个人来说只有一次,不管在什么情况下,都是弥足珍贵的。就算有人犯了罪,我们也应该提供机会,让他们重新做人。皇上这么做,不过是让天下人明白,刑罚只是一种手段,不是目的。在我看来,这恰恰表明了他有一颗悲天悯人的心。

皇上此举是错还是对,还是让那些死囚来证明吧。

《穿越报》编辑 穿穿

【公元633年九月,三百九十名死囚在无人监管、无人押送的情况下,如期回到了监狱。太宗深感欣慰,当天将这些人全部释放。】

CHIZHA FENGYUN 叱咤风云

慧眼识英才，布衣一夜变卿相

公元631年，天下大旱，百姓流亡。太宗得知，忧心如焚，认为这是由于自己的过失而造成的，于是召集群臣，希望每人写一篇关于朝政得失的文章。

这下难坏了武将常何，回到府中，他一个字也写不出来，急得抓耳挠腮。正好，有个叫马周的人在他家借住，听说这事，便帮他洋洋洒洒写了一篇文章，一下提了二十多条建议。

第二天，常何把这篇文章呈给太宗。太宗一看，大吃一惊，因为他知道常何不善作文，便问他这是什么人写的。

常何人也老实，便把情况一五一十地说了出来。

原来，这个马周从小父母双亡，家中贫寒，但勤奋好学，才华过人。之前只是一个小官，却因为别人说他不是做官的料，他一怒之下离开家乡，来到长安，因穷困潦倒，暂住在常何家中。

太宗一听常何门下有这样的奇才，十分高兴，便想见见马周。

没想到马周压根不理，把派去请他的人给打发了回来。

太宗也不生气，再次派人去请。一连派了四次使者，才把这位心高气傲的人请到皇宫。

马周虽然穿着普通，但谈吐非凡，太宗相见恨晚，当天就让他到门下省去报到，不到一年，就被封为监察御史。

一夜之间，马周就从一介平民变成了大唐帝国的官员，最终成为一代名相。

嘻哈园 XIHA YUAN

CHIZHA FENGYUN 叱咤风云

一条由精神病人引起的律令

公元637年，太宗觉得治理一个国家，光靠武力是不行的，还得有律法约束，于是命令长孙无忌、房玄龄加紧修订律法。

河内（今河南省沁阳县）有个名叫张好德的人，因为精神不正常，总是胡言乱语。有一次，他大骂皇帝，被人告到官府。

太宗让大理寺的张蕴古审理这个案子。张蕴古经过调查，报告说：“张好德确实患有精神病，根据律法不应该判刑。”太宗同意了他的请求。张蕴古十分高兴，跑到监狱，把皇上准备赦免他的消息告诉了张好德。两人一高兴，便在狱中下起了棋。

以张蕴古的身份，这样明显触犯了律法，而且是知法犯法。这时有人举报，说张好德的哥哥与张蕴古交情很好，张蕴古的判决显然是包庇张好德。太宗一怒，未经调查就下令处死了张蕴古。

几天后，太宗派人去调查，发现张好德确实患有精神病。太宗非常后悔，但是人死不能复生，要挽回也来不及了。

为了汲取这个教训，太宗于是下旨：从今以后凡判处死刑的，即使下令立刻执行的，也要经过至少三次以上的复审，才能执行，以免错杀无辜。

此令一出，无数老百姓拍手叫好，都赞太宗是有道明君。

百姓茶馆 BAIXING CHAGUAN

公主入藏，胜过百万雄狮

听说我们文成公主去吐蕃和亲了，真怀疑她是不是皇上的亲生女儿，怎么舍得让她嫁那么远？万一想家了也回不来，可怜！

菜场王大娘

长安侍卫

舍不得也没办法，一桩婚姻胜过十万雄师，若能换得两边安宁，保证边疆稳定，也值了！

听说公主的嫁妆除了金银珠宝，还有很多大唐的书籍、绢帛、乐器、医疗用品、种子等，并且赐给她一批文人和农技人员。怎么带这些入吐蕃？好奇怪哦。

菜场老张

吐蕃没有我们大唐发达，所以我们大唐想在经济、文化和科技上给他们一些帮助，让我们汉族的音乐传遍吐蕃的土地；让我们的文人帮助吐蕃人整理文献，记录历史；让我们的农技人员将种子播撒在吐蕃高原上……

元秀才

你们放心啦！吐蕃的赞普松赞干布非常喜欢文成公主，为了缓解她的思乡之情，还为她修建了一座美轮美奂的布达拉宫，那是仿照我们大唐宫苑建造的。

驿站孙五

不管怎么说，这样一个了不起的公主，即使不再回来，我们也会永远记住她的。

种子店赵大娘

名人有约

MINGREN YOU YUE

越越 大嘴记者

长孙皇后 特约嘉宾

嘉宾简介： 有人说：一个成功的男人后面，必定站着一个伟大的女性。而她，无疑就是这样一个了不起的女人，贤淑、优雅、智慧、大度。她不是最美丽的皇后，也不是最有权力的皇后，更不是最有才情的皇后，却是名声最好的皇后，最受人尊敬和爱戴的皇后！

越越：给皇后问安了！不对，现在皇上被奉为"天可汗"（意思是天下共主）了，那皇后应该称作什么呢？天可敦？

皇后：（微笑）怎么称呼都不打紧。最打紧的是我们大唐能够从此傲视天下了！

越越：皇后说的是。听说最近皇上从突厥得了一匹好马，但那匹马却无缘无故死掉了？

皇后：嗯。皇上很生气，要将那养马的宫人给杀了。

越越：为了区区一匹马，就把人给杀了？这可不太像明君做派啊！

皇后：皇上也是一时糊涂。后来，我给他讲了个故事，他就清醒了，饶了那个宫人。

越越：噢，什么故事有这么大的威力，还能救人？

皇后：春秋时期有个齐景公，也喜欢马，有一次他的马死了，他很生气，要把马夫杀了。晏子说，得给他定个罪名，才能杀了他，然后，就对马夫斥责道："你犯了三宗罪，知不知道？第一宗，好好的马被你养死了；死的还是国君最爱的马，这是第二宗；搞得我们国君因为这事要把你杀了，这事传出去，百姓肯定会说我们国君残暴不仁，坏了国君的名声！这是第三宗"齐景公听

名人有约 MINGREN YOU YUE

后，便免了养马人的罪。

越越：哈哈，妙，妙，这故事实在是妙！皇后，您这么冰雪聪明，知识又渊博，待在这后宫，实在是屈才了，何不到朝堂上坐坐呢？

皇后："牝鸡司晨，天下大乱"，我一个妇道人家，怎么能随意议论国家大事呢？

越越：如果皇上非要跟您讨论呢？

皇后：我也不会回答。历朝历代外戚干政，导致天下祸乱的事太多了，我不想重蹈汉朝吕氏、霍氏的覆辙。

越越：怪不得皇上要重用您的兄长长孙无忌时，您坚决反对。

皇后：我们家族并没有什么功劳、德行，只是因为跟皇上结了亲，才身价百倍。要想永远保持家族的名誉、声望，我希望我的亲戚都不要担任朝廷要职。

越越：皇后深明大义，佩服！怪不得后宫佳丽如云，皇上最尊敬、最爱的人还是您。

皇后：那是自然。我十三岁就嫁给皇上，这一路走来很不容易。玄武门之变时，他也将我带在身边。不论何时何地，我们夫妻生死与共。对了，皇上最近生了一场重病，身边需要人照顾，我得走了（起身欲走）。

越越：等等，皇后腰间瓶子里装的是什么呢？是药吗？

皇后：（微笑）是药，不过是毒药。

越越：啊！莫非皇后想毒……（捂住嘴）

皇后：怎么会呢？只是皇上有什么不测，我也会服毒自杀，不会独活。

越越：皇后……您要保重啊！（长孙皇后微微一笑，飘然离去。）

（长孙皇后于公元636年去世，享年三十六岁。）

广告铺

关于高昌国的通告

为维护丝绸之路的安全与畅通，现决定在交河城（编者注：今新疆维吾尔自治区吐鲁番市）设置安西都护府。从今往后，原高昌国子民均为我大唐子民，一律平等对待。

大唐吏部

科举考试即将开始

本届科举考试即将开始，只要你认为自己有才华（从事工商业者除外），就可向当地州县报考。凡一表人才，谈吐不凡，写得一手好字，精通律法，并通过吏部考试者，就可入朝为官。欢迎大家前来报考。

大唐吏部科举办公室

太上皇去世，大明宫停工

本来皇上决定为太上皇修建一座大明宫，给他老人家避暑。无奈还未建成，太上皇就因病仙逝，皇上极度悲痛，只好暂时停工。大家先回去休息一下吧。

大唐工部

封吐谷浑可汗为青海国王

自老将李靖降服吐谷浑后，该国与我朝一向交好。为维护西域安宁，现加封吐谷浑可汗为青海国王，并将弘化公主嫁与他为妻，同时，将金城公主和金明公主嫁给他的儿子。愿两国永享太平。

大唐吏部

第11期
公元643年—公元649年

最后的岁月
李世民 篇

穿越报
CHUANYUE BAO

【烽火快报】
- 又一个齐王谋反了

【叱咤风云】
- 玄武门之争又会重演吗？
- "鹬蚌"相争，"渔翁"得利

【文化广场】
- 凌烟阁功臣图惊艳面世

【名人有约】
- 特约嘉宾：李治

【广告铺】
- 招造船工人若干名
- 《兰亭序》仿真品
- 西游十七年，终于取得真经
- 安西都护府迁址了

穿越必读 CHUANYUE BIDU

在唐太宗的治理下，大唐帝国蒸蒸日上，成为当时世界上最强大的国家。尽管他的晚年竟服食长生丹药，并遭遇了皇子夺位这样的事，但他所缔造的历史功绩仍然足以流传千秋万代，震烁古今。

烽火快报

FENGHUO KUAIBAO

又一个齐王谋反了
——来自长安的加急快报

公元643年，大唐帝国国泰民安，四海升平，万邦来朝，一派欣欣向荣的景象。然而，三月初，一个十万火急的消息传到长安——齐王李祐谋反了！

说起李祐，太宗就十分头痛。这个孩子排行老五，跟他那倒霉的叔叔李元吉有惊人的相似之处，同样被封为齐王，封地在齐州（今山东省济南市）；同样是不学无术，还自认为才高八斗，武功盖世。

为了对他严加管教，太宗给他派去个先生。先生权万纪是出了名的要求严格，一去就把他打猎的鹰犬放了，还把他的亲信赶出了王府！

这下，小王爷火了，立即招募了一大批士兵来保护自己。要知道，私自招募士兵可是死罪。权万纪便向太宗告了一状。太宗一听，这还了得，立刻召齐王随先生一起进京。

小王爷恼羞成怒，在回京的路上，杀了老师。之后，他害怕父皇降罪，在几个小人的怂恿下，一不做，二不休，干脆造起了反！

造反的结果是——李祐被赐死，同党四十四人全部被诛杀。

叱咤风云 CHIZHA FENGYUN

玄武门之争又会重演吗?

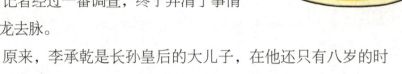

最近,很多人说齐王这次冲动,既害了自己,也害了大哥,也就是当今太子李承乾。这是为什么呢?

记者经过一番调查,终于弄清了事情的来龙去脉。

原来,李承乾是长孙皇后的大儿子,在他还只有八岁的时候,因聪慧可爱,被立为太子。

然而,李承乾长大后,因为腿出了点毛病,性格大变,表面忠孝有礼,仁义爱民,实际花天酒地,胡作非为。

这当然瞒不过太宗的火眼金睛,但想着他还年轻,便给了他改过的机会,一连给他换了好几个老师。可惜,李承乾还是死性不改。

太宗十分失望,于是把心思渐渐放到了魏王李泰身上。

李泰是长孙皇后的第二个儿子,自幼诗书满腹,聪明绝伦,还跟太宗一样,擅长书法,可以说是第二个"李世民",太宗对他十分赏识。

李泰喜欢文学,太宗就特准他在魏王府中开设文学馆,自行招揽天下名士。一时间,魏王府人才济济,门庭若市。李泰也不负所望,主编了一套《括地志》,令龙颜大悦。

在此期间,太宗给他的零花钱逐月增加,甚至超过了太

叱咤风云
CHIZHA FENGYUN

子。由于李泰身形肥胖，行动不便，太宗就特许他入宫时可以乘坐小轿。

有皇上在后面撑腰，李泰在朝中的人气"唰唰唰"地直线上升。

太子李承乾看在眼里，心中深感不安。为了保住这个岌岌可危的太子之位，李承乾于是决定向父亲学习，也来一个"玄武门政变"，用武力登上皇位。

谁知还没来得及动手，齐王就率先谋反了。李承乾听到这个消息，就冷笑着对自己的侍卫纥干承基说："我住的地方离大内只有二十来步。如果要谋划大事，怎轮得到齐王呢？"

李承乾怎么也没想到，纥干承基也被齐王一案牵连入狱。纥干承基为了自保，在受审时，将李承乾的谋反计划一股脑儿全抖了出来。

齐王刚刚被拿下，太子居然也想谋反！唐太宗大为震惊，立即召来长孙无忌、房玄龄、萧瑀等几乎所有的高级官员，并组成了一个专案小组，对太子谋反案进行审理。

经审理，太子谋反确实属实后，太宗黯然神伤，问大臣们："如何处置太子？"大臣们你看我一眼，我看你一眼，没有一个人敢回答。

唐太宗伤心之极，愤怒之极，最后将李承乾贬为庶人，其余有关人员一律处死。几个月后，李承乾被流放到黔州，没多久就郁郁而终了。

李泰人气表

李承乾人气表

"鹬蚌"相争,"渔翁"得利

太子被废了,现在谁更有资格当太子呢?相信不少人会回答——魏王李泰!

是的,连李泰自己也相信这一点,所以在太宗最伤心、最难过的时候,他每天都会进宫侍奉父皇。

太宗一感动,就答应立他为太子。

然而,这个计划遭到了长孙无忌等元老大臣的强烈反对,他们提出了另一个太子候选人——晋王李治。

李治是长孙皇后的第三个儿子。同两个哥哥不一样的是,他性格柔弱,为人宽厚。不过他也很孝顺,太宗同样很喜欢他。

眼看半路杀出匹黑马,李泰急了,便对太宗承诺,自己若是即位,死后就把皇位让给弟弟李治。

尽管太宗再三为李泰争取,可大臣们还是不同意。

李泰忍不住找到李治,对他说了一句:"你与叔叔元昌(也参与太子谋反)关系这么好,现在他被处死了,你难道不担心自己的脑袋吗?"

李治听了这话,当即吓得面如土色,此后整天哭丧着脸。

太宗发现后,觉得奇怪,追问他原因。李治便一五一十地将哥哥的话告诉了太宗。

太宗听了,对李泰彻底失望。一想到李泰即位后,不会放过李治,最终,他还是接受了长孙无忌等人的意见,立李治为太子。

在满朝文武百官的欢呼声中,在两个哥哥没落的身影下,年仅十六岁的晋王李治成了大唐帝国的新储君。

这真是应了那句老话"鹬蚌相争,渔翁得利"啊!

鸿雁传书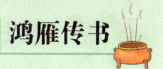

就剩这一块地方了

穿穿老师：

你好！如今我大唐四方基本平定，但总有那么一两粒老鼠屎，企图坏了一锅汤。

朝鲜半岛上有三个国家：高句丽、新罗、百济，一直向中原王朝称臣纳贡。可是从前朝起，那高句丽就胆大妄为，频频向我们中原挑衅。现在高句丽国内发生政变，臣子以下犯上，杀了国王，还与百济联合，向新罗发起攻击，企图称霸一方。

朕再三给他们发出警告，他们却置之不理。这分明是不把朕这个"天可汗"放在眼里！所以朕决定，趁将领们还有精力，现在就派兵解决掉他们！但大臣们都不同意，怎么办？

李世民

陛下：

您好！您仔细想想，大臣们为什么会反对呢？自隋朝以来，我中原对高句丽发动过好几次战争都未成功。杨广为什么灭国？很大原因是因为他三征高句丽，导致民不聊生。

高句丽难攻，其中很重要的一个原因是因为它地处偏远，濒临海洋。战线拉得过长，军队补给难以供上，如果不能迅速拿下，士兵们就要遭受天寒地冻之苦，到时势必士气不足，根本无心打仗。

而且您年事已高，若御驾亲征，一旦发生什么不幸，是全国百姓的灾难。还请您三思。

《穿越报》编辑 穿穿

【唐太宗不顾众臣劝阻，远征高句丽。由于战事旷日持久，耗费巨大，最终还是未能消灭高句丽。】

百姓茶馆 BAIXING CHAGUAN

这里是世界的中心

听说现在长安是世界上最大的都市，有一百万人口！天哪，一百万，这要聚在一起，不会把长安街挤爆吧？

书商王小六

书坊张掌柜

确实，除了各地元首、大臣、使节，还有留学生、僧侣、工匠、歌姬……光是到我们长安西市开店经商的就有好几千家！

现在我们做生意，向西可通到大食和地中海，向东渡海可以去倭国和高句丽啦！长安现在是名副其实的国际大都市！是全世界的中心！

前几年，东罗马帝国的皇帝不也派使者来了吗？听说他们那里的贵族和妇女很喜欢我们的丝织品呢！

瓷器商人阿福

丝绸铺王老板

来得最勤的还是倭人，他们可精明了，见我们这么先进，将我们的典章制度、天文、历法、文学、书法、宗教、音乐、美术、舞蹈、医学、建筑、雕刻、生产技术、生活习俗等，全都照搬了回去呢！看样子是想复制一个"长安"啊，哈哈！

我们喜欢长安！喜欢大唐！这里安定、文明，一切都是那么美好，我们能在这里安居乐业，都是太宗皇帝赐予的！伟大的"天可汗"，我们会永远怀念他！

友邦人士联合会

文化广场

凌烟阁功臣图惊艳面世

太宗一朝，群臣共同努力，创造了一个贞观盛世。为了表彰这些功臣，太宗命大画家阎立本在凌烟阁描绘了二十四位功臣的画像，称为《二十四功臣图》。

《二十四功臣图》分为三层，其中最里面一层所画的是宰相；中间一层画的是王侯；最外一层画的则是其他功臣。这二十四位功臣包括长孙无忌、房玄龄、尉迟敬德、李靖、程咬金、虞世南、李勣以及秦叔宝等知名人物。其中，长孙无忌排名第一。

这些人像大小与真人一致，面北而立。据说，阎大画家为长孙国舅画像时，抬头一看，见他长得肥肥胖胖，离"玉树临风"实在差太远，于是苦思良久，一个"面团团"国舅爷便出现在凌烟阁内层，冲着大家微笑。

不过，将秦叔宝排在二十四位功臣的最后一位，许多人表示对此不能理解。因为在隋末唐初的虎将之中，秦叔宝、程咬金、罗士信和尉迟敬德是最为知名的，且只有秦叔宝得过"上柱国"的荣誉称号。可为什么在《二十四功臣图》里排最后一位呢？

记者调查时发现，有人说最后一个才是压轴的，有的说是因为秦叔宝长得太帅。

当然那些都是民间说法，根据官方的说辞，首先《二十四功臣图》指的是对大唐有重大贡献的人，文官占了一半以上，而秦叔宝是个武将。其次，秦叔宝自唐统一后，就一直伤病缠身，没有再立新功。所以，将他列在凌烟阁功臣之列，完全出于太宗对他的尊重。

嘻哈园 XIHA YUAN

名人有约

MINGREN YOU YUE

越越 大嘴记者

李治 特约嘉宾

嘉宾简介： 两位哥哥为了争夺太子之位，相继被废，反倒让他这个弟弟捡了个大便宜，成为继李渊和李世民后，大唐王朝的第三位皇帝。性格优柔寡断的他，在众多贤臣的辅助下，让"贞观之治"的局面得以延续，不失为一个合格的君王。

越越：采访皇上什么的，我最喜欢了，每次都有好多赏钱。

李治：那可得看你的表现了。有什么问题快点问，我待会儿还得去感业寺看看呢。

越越：感业寺，那不是先皇死后妃子们住的地方吗？陛下去那里干吗？

李治：去寺里能干什么？烧香拜佛呀！

越越：是去看武媚娘吧。我得提醒陛下，她可是先皇宫中的人。

李治：（不耐烦地摆手）怎么你也这么烦？已经有数不清的人在提醒我了，我又不是傻瓜！你这个记者，还想不想要赏钱了？

越越：想，当然想。不过民间一直流传"唐三代后，女主武氏，代有天下。"说的是唐三代之后，会出现一个姓武的女人号令天下。您有没有怀疑过武媚娘呢？

李治：怎么可能呢？父皇不是已经把李君羡杀了吗？

越越：这关李君羡什么事？

李治：这人是左武侯中郎将，守的是玄武门，爵位是武连郡公，还是武安人。你看，他身上不是一下带了四个"武"字吗？

越越：这只是巧合罢了。

李治：这些都不算，偏偏他的小名还叫"五娘子"。一个人高马大、胡子拉碴的男人居然叫这个名字！

越越：那您的意思是，预言中的

169

名人有约 MINGREN YOU YUE

"女主"并不是女人,而是这个"五娘子"?

李治:反正父皇认定是他了。

越越:好吧——陛下是打算把武媚娘再招进宫吗?

李治:这个嘛,(诡异地一笑)保密!

越越:好吧好吧。那我们谈谈您是怎么坐上皇位的。

李治:我就先抬左脚,再抬右脚,走上去,坐着就好了。

越越:(汗)我还是问直接点吧,为什么您二哥有志向、有才情、有智慧,比您厉害那么多,大臣们还是会选您呢?

李治:你知道都有哪些大臣支持我吗?

越越:(摇头)不知。

李治:说出来吓死你!我就说三个吧,长孙大人,褚遂良大人,还有李勣大人。这长孙大人是开国元勋,褚大人近年来很受先皇器重,至于李大人,李靖去世后,现在军队里就数他最牛了。

越越:啊,怪不得先皇选您了。有这个"铁三角"支持您,先皇不立您也不行了。

李治:没错。这些人因为大哥之事,一向和二哥不和,二哥太厉害,要是我二哥当了皇帝,这帮老臣不是只有卷铺盖回家的份吗?所以……

越越:原来如此,陛下真是吉星高照,洪福齐天啊!

李治:(得意)嘿嘿,这么会说话,一会儿重重赏你!

越越:(大喜,再次拍马屁)听说陛下在先皇生病的时候,还用嘴巴帮他把毒脓给吸出来了,真是孝顺啊!

李治:身为人子,这是我应该做的。

越越:相信像您这样孝顺的人当了皇上,一定会是个好皇帝。

李治:当然,我可不是昏君,比如赏钱这种不必要的开销,就可以省了(大笑离去)。

越越:不要啊!(追了上去……)

广告铺

招造船工人若干名

若要扫平高句丽，须储备一年以上的粮草，如此大的运输量，只能通过水运。为此，朝廷决定造船百艘。江南十二州的工人们，施展你们才华的机会到了，快来加入我们的造船大队吧。

江南十二州府

《兰亭序》仿真品

走过路过，千万不要错过。这是太宗最喜欢的《兰亭序》的仿真品，绝对可以达到以假乱真的效果。挂在厅堂可以长门面，送人作礼物乃是最佳良品。价格便宜，一次购买多幅者，价格从优。

长安书城

西游十七年，终于取得真经

我大唐高僧玄奘法师跋山涉水，西游十七年，终于到佛教圣地天竺取得真经。现在他带着大量宝贵的佛学经典、舍利子和佛像回到长安，并受到了皇上的接见。

为弘扬我佛，圣僧玄奘法师将于明日在玉华寺开堂讲经。这是难得一遇的好机会，还望各位善男信女们踊跃参与。

玉华寺住持

安西都护府迁址了

值疏勒和于阗（tián）归附大唐之际，特将安西都护府迁到龟兹（qiū cí），以维护西域安宁，下设龟兹、焉耆、于阗、疏勒四镇（史称安西四镇）。

大唐朝廷

第12期
公元626年—公元643年

魏征特刊
李世民 箐

穿越报
CHUANYUE BAO

【编辑导读】
- 五易其主，终遇明君

【叱咤风云】
- 不做忠臣做良臣
- 怕大臣的皇上
- 敢扣皇上的圣旨
- 皇上想封禅，没门
- 魏征的"靠山"
- 谁敢推魏征的墓碑？

【名人有约】
- 特约嘉宾：魏征

【广告铺】
- 魏征谏言，字字珠玑
- 请羊鼻公吃醋芹
- 魏征去世有感

【智者为王】
- 第4关

穿越必读 CHUANYUE BIDU

　　唐太宗明白仅凭他一个人的力量，是无法治理好天下的。为此他唯才是用，善于用人，广开言路，鼓励群臣纳谏，因而诞生了无数贤臣。
　　其中最具代表性的、与太宗故事最多的、最为人们所津津乐道的，便是良臣魏征。

编辑导读

五易其主，终遇明君

在前面十一期的内容中，我们已经详细介绍了太宗传奇的一生。在他辉煌的一生中，有一个人物不可不说，他就是大唐宰相——魏征。

魏征从小满腹诗书，胸怀大志，然而在动荡不安的隋朝末年，他历经坎坷，先后"五易其主"。

他先是跟随李密，可惜李密只是欣赏他的文采，对他提出的策略，却弃而不用。瓦岗军被王世充打败后，他跟随李密一起投奔李渊，同样没有受到重用。后来，窦建德攻陷黎阳，魏征不幸被俘，又成了窦建德的手下。窦建德败亡后，他又再次回到长安。这次，他被李建成看中，成了太子的心腹。有先见之明的他，多次劝李建成先下手为强，结果还是没能改变"玄武之变"的命运。

太宗当上皇帝，唯才是用，并没有怪罪他，反而对他恩宠有加。魏征深受感动，不遗余力地为太宗出谋划策，最终一起创造了大唐盛世。

现在，就让我们来回顾一下太宗与魏征一些有趣的故事吧。

CHIZHA FENGYUN

不做忠臣做良臣

公元627年,魏征被封为尚书左丞,由于魏征是李建成的旧部,有人不服,向太宗打小报告,说魏征以权谋私,私自提拔亲戚做官。

太宗听后很生气,马上派大臣调查,结果并没有那回事。

问题虽然查清,但太宗还是派人告诫魏征,要他懂得"避嫌",以后少惹麻烦。

魏征听了心里觉得憋屈,立刻面见太宗说:"君臣之间,互帮互助,本来就是一体的。如果不讲秉公办事,只讲躲避嫌疑,那么国家就会灭亡啊!"

太宗恍然大悟,承认自己错了。

魏征叩头感谢说:"臣有幸侍奉陛下,只希望做一个良臣,而不是忠臣。"

太宗就纳闷了,问道:"良臣和忠臣有什么区别吗?"

魏征说:"使自己身获美名,使君主成为明君,子孙相继,福禄无疆,就是良臣;使自己身受杀戮,使君主沦为暴君,家国并丧,空有其名,就是忠臣。所以二者差别很大。"太宗认为魏征说的在理,很是高兴,当场奖励魏征绢五百匹。

HONGYAN CHUAN SHU 鸿雁传书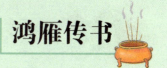

"讨人厌"的魏征

穿穿老师：

您好！前些日子，我因为贪了点小钱，被罢了官。多年来我跟随皇上东征西讨，没有功劳也有苦劳啊！

所以，我跑到皇上那里求情，皇上本来不追究了，谁知该死的魏征却跑来对皇上说："过去秦王府的人，现在官居要职的非常多，如果人人都仗着旧关系为非作歹，谁还肯做好官呢？"

皇上因此改变了主意，还对我说："我过去做秦王，不过是秦王府的主人；现在做了君主，是天下的主人了，不能再偏袒老朋友。"结果没有恢复我的官职，只是给了点赏赐把我打发走了。

唉，你说我又没得罪魏征，他为什么非得和我过不去呢？

濮州刺史　庞相寿

庞大人：

您好！对朝廷命官来讲，不管贪的是大钱还是小钱，都是贪污。您因此被贬官，是您该受到的惩罚。

如果每个人都像您这样，仗着和皇上关系好，就为非作歹，那天下不就会大乱吗？

我倒觉得，朝中应该多点像魏征这样的人才对，不怕得罪人，敢作敢当，让皇上少犯错。您说呢？

《穿越报》编辑　穿穿

百姓茶馆 BAIXING CHAGUAN

这个魏征了不得

当铺张老板：这个魏征了不得，只要自己觉得是对的，就什么都敢说，一点都不把皇上当皇上啊！

裁缝铺伙计：是啊，前段时间，长孙皇后看上一位姓郑的小姐，大约十六七岁，才貌出众，便要皇上召到宫里做妃子。皇上同意了，但魏征却不同意，说郑氏的女儿早已许配给陆家。哎，敢坏皇上的好事，你说他是不是不怕死啊？

茶馆小二：这魏征胆子真是太大了。后来皇上派人去打听，结果并不是魏征说的那样啊，那陆家也派人递上奏章，声明以前虽然和郑家有往来，但并没有订亲这一回事。你说这样一来，魏征不是犯了欺君大罪吗？

陆府看门人：你们只知其一，不知其二。我们陆家之所以否认此事，是因为害怕皇上问罪于我们。魏大人把这情况跟皇上讲明后，皇上很内疚，便收回了诏令，不让郑家小姐入宫了。魏大人可是做了件大好事啊！

怕大臣的皇上

常言道"伴君如伴虎",魏征却丝毫不怕身边的这只"虎"。

公元628年的一天,太宗突然兴致勃发,想去南山游玩。正要出发时,听说魏征从老家扫墓回来了,便马上传旨说今天不去了!

魏征得知后好奇地问:"听别人说,皇上想要去南山,都已经整装待发了。现在居然不去了,是为什么呢?"

太宗笑着说:"起初确实有这样的打算,但是怕你又来责怪我,所以干脆不去了。"

还有一次,太宗得到一只上好的鹞(yào)子。他让鹞子在自己的手臂上跳来跳去,正赏玩得高兴时,突然魏征过来了。

太宗怕被魏征看见,赶紧把鹞子藏到怀里。

其实,魏征早就看到了,却装作没看见。他在上奏的时候故意说个不停,拖延时间。那只鹞子也就一直在太宗怀中闷着。

等到魏征走后,太宗把鹞子拿出来一看,它早已被憋死在怀里。太宗只能是"哑巴吃黄连,有苦说不出。"

敢扣皇上的圣旨

公元629年,为了扩充兵力,太宗下令征兵。

有个大臣在执行任务时发现了一些问题,告诉太宗说:"有些人为了逃避兵役,谎报年龄。"

太宗听后,很生气地说:"今后,只要身材高大者,就算没有满十八岁,也要征召入伍。"随即下旨要地方官府按照这个要求执行。

圣旨发下去之后,迟迟没有反应。一问才明白,原来魏征不同意这一做法,把圣旨给扣住了。

这不是火上浇油吗?太宗一怒,把魏征叫了过来,斥责道:"那些个头小的男子,可以不服兵役。但是那些个头大的,不服从就是逃避兵役。你怎么这么固执,不明白我的意思呢?"

魏征不慌不忙地说:"我听说,把湖水弄干来捉鱼,虽然得到了鱼,但是到明年湖中就无鱼可捞了;把树林烧光了来捉野兽,也

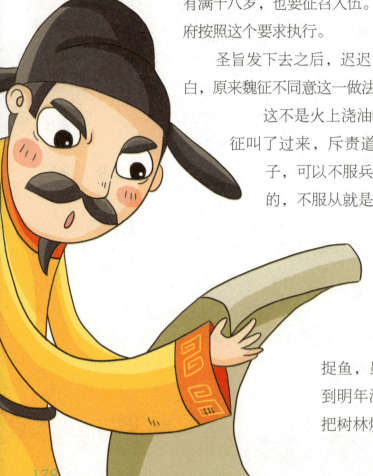

会捉到野兽，但是到明年就无兽可捉了。如果把不到十八岁的男子都征来当兵，以后还从哪里征兵呢？国家的租税杂役，又由谁来负担呢？"

太宗虽然觉得魏征说的有道理，但还是不服气。

魏征接着说："皇上每次都说，'我作为君主，对人对事都必须诚信，这样大臣和百姓才不会有欺诈的行为。'但如今您已经失信于人了。"

太宗大惊，问道："我怎么失信于人了？"

魏征回答到："皇上刚即位时，颁布圣旨'百姓拖欠官府的财物，一律免除。'有关部门认为拖欠秦王府的财物，不属于官家财物，仍旧征收。您既然贵为天子，府库的财物不属于官府，那又是谁的呢？"

"圣旨上清清楚楚地写着征招十八岁以上的男子当兵，现在不到十八岁的男子也要应征，这不是不讲信用吗？"

"况且皇上与地方官员共同治理天下，现在连征兵这种小事都怀疑他们，这难道是诚信治国吗？"

魏征的一席话，说得太宗哑口无言。

好半天，太宗才说："我过去总以为你固执、不通情达理，今天听你议论国家大事，才知道我所犯的过错很大啊！"

于是太宗又重新下了一道圣旨，免征不到十八岁的男子服兵役。

皇上想封禅，没门

公元633年，天下基本太平。太宗也想给自己一点奖励，可是作为皇上什么都不缺，还可以奖励什么呢？想来想去，他觉得通过封禅（shàn）（指古代帝王在太平盛世或天降祥瑞之时祭祀天地的大型典礼）来表彰自己的功德这个方式不错。

一时间，满朝文武大臣纷纷请求太宗去泰山封禅。

太宗一本正经地说："如果天下安定，百姓丰衣足食，就是不去封禅又有什么关系呢？并且祭祀天地神灵，也不一定要通过这种方式嘛。"

嘴上虽这么说，但是群臣听太宗说话的语气，心里都明白他还是很想去的，于是再次上书请求封禅。

太宗看了奏章自然高兴，当即为到泰山封禅做起了准备。

这时，魏征又出来反对了。

太宗有些不高兴，说："你不赞成我封禅，是认为我的功劳不够大吗？"

魏征说："大啊！"

太宗说："是德行不够高吗？"

魏征说："够高！"

叱咤风云

CHIZHA FENGYUN

太宗说:"天下还没安定吗?"

魏征说:"已经安定了。"

太宗说:"是四夷还未归服吗?"

魏征说:"归服了。"

太宗说:"是粮食没有丰收的缘故?"

魏征说:"丰收了。"

太宗说:"是祥瑞还没出现?"

魏征说:"出现了。"

太宗就纳闷了,最后问道:"那为什么不可以封禅呢?"

魏征回答说:"皇上功劳虽大,但是百姓受到的恩惠却不够多;德行虽深厚,但恩泽还没有普及所有人;天下虽已太平,但是封禅太劳民伤财;粮食虽然丰收,库存还比较空虚。这怎么能向天地报告功业呢?"

"更何况封禅是大事,各国都会前来庆贺,而伊洛(河南中原地带)以东地区,至今十分荒凉,这不等于向各国展示了自己虚弱的一面吗?"太宗也不知道该说什么好。

恰好此时,黄河发了一场大水,太宗便不再提"封禅"的事了。

魏征的"靠山"

有人说,魏征这么胆大,是因为他有个强大的靠山!什么样的靠山,让魏征敢得罪皇帝呢?记者经过一番打探,这才发现——那所谓的"靠山",居然是长孙皇后!

为什么会有这样的说法呢?原来,有一次,魏征在朝堂上跟太宗争得面红耳赤。太宗实在听不下去,想要发作,又怕丢了自己虚心纳谏的好名声,只好勉强忍住了。

退朝以后,他憋了一肚子气回到内宫,见了长孙皇后,就气冲冲地说:"总有一天,我要杀了这个乡巴佬!"

长孙皇后没见过太宗生这么大的气,以为出了什么大事,赶忙问:"陛下要杀谁?"

太宗说:"我要杀魏征,他总是当着大家的面羞辱我。"

长孙皇后是一个深明大义的人,她知道魏征是个贤臣,怎么能因为面子的问题,就杀了他呢?但是太宗正在气头上,直接劝他不一定会有效果。于是,长孙皇后换上一身在庆典上用的朝服,对太宗说:"恭喜陛下,贺喜陛下。"

太宗一时蒙了,好奇地问:"喜从何来呢?"

长孙皇后笑着回答:"臣妾听说君主开明,则臣下正直,现在魏征正直敢言,是因为陛下开明的缘故,臣妾怎能不祝贺呢?"

太宗恍然大悟,转怒为喜,还下令重赏魏征。而以敢于直谏著称的魏征,也躲过一次祸患。

谁敢推魏征的墓碑？

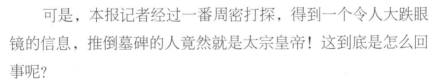

公元643年，一代贤臣魏征因病去世。太宗为之痛哭流涕，罢朝五日。可没过多久，京城就传来一个令人瞠目结舌的消息，魏征的墓碑被人推倒了！谁这么大胆呢？

据说魏征的长子魏叔玉在得知消息后，更是气愤填膺，还放出话来，说找到凶手之后，一定要好好教训他一顿。

可是，本报记者经过一番周密打探，得到一个令人大跌眼镜的信息，推倒墓碑的人竟然就是太宗皇帝！这到底是怎么回事呢？

原来，魏征在临死前向太宗推荐过两个人，说他们有当宰相的才能。可是魏征死后，这两个人都参与了谋反。太宗便开始怀疑魏征，认为他只是看起来老实，实际上在朝廷里面结党营私。后来，太宗又得到消息，说魏征活着的时候，经常将自己给皇上提意见的书稿给史官看，想要名扬后世。这让太宗心里很不高兴，觉得魏征只是在博取名声，并没有那么正直无私。

他躺在床上怄了整整一夜的气后，第二天早上就命人把魏征的墓碑给推了。

不过，太宗后来跟高句丽打了个败仗后，想起魏征的好处，又感慨地说："魏征如果还活着，朕就不会犯下这样的错误了。"

之后，他又命人将魏征的墓碑重新立了起来。

嘻哈园 XIHA YUAN

名人有约
MINGREN YOU YUE

魏征 特约嘉宾

越越 大嘴记者

嘉宾简介：他是唐太宗身边的第一"谏臣"，也是贞观时期功劳最大的一位贤臣。在他的全力辅佐下，太宗成就了为世人称颂的"贞观之治"。为此，唐太宗将他视为自己的"一面镜子"。能够树立这样的君臣典范，中国历史上只有他们二人。

越越：（对来人作揖）魏大人您好。

魏征：（从来人身后转出来）我在这呢！你对着我的下人说什么呢？

越越：啊？怎么宰相大人比下人穿得还朴素呢。不好意思，一时激动看错人了。

魏征：想必你也和老夫一样，患了眼疾。

越越：我没有眼疾，但是近视眼。您也要多注意身体，不要太过劳累才行。

魏征：我年老多病，已经向皇上请求辞职了。

越越：不会吧？您要辞职了，那谁来监督皇上啊！

魏征：言重了，我哪能监督皇上，只是看见皇上有做得不对的地方就指出来而已。

越越：皇上也一定不想让您辞职吧？

魏征：是啊！我再三请辞，皇上反而留得更紧。

越越：现在您的功勋是世人皆知，不如我们聊聊您以前的事吧。

魏征：我从小失去父母，家境贫寒，但喜爱读书，不理家业，还出家当过道士呢。

越越：皇上身边的大红人，居然当过道士，这可是大机密啊！

魏征：我现在是皇上身边的大红人吗？

越越：您不是谁是啊！上次，您不是给皇上提了十条建议，被皇上写在了屏

名人有约 MINGREN YOU YUE

风上，早晚阅读，引以为戒，要不是大红人，谁还能有这么大的面子呢。

魏征： 道理人人会讲，就是看皇上听不听。皇上严于律己，也是万民的福分啊！

越越： 听说您老是顶撞皇上，就不怕他万一哪天心情不好，就把您（作抹脖子状）——一刀咔嚓了吗？

魏征： 怕啊，可是我就是这臭脾气，要改也改不了。更何况现在都老了，也不想改了，毕竟这么多年都过来了。

越越： 没事，您不是有皇后替您撑腰吗？

魏征： 唉，皇后已经去世几年了。

越越： （一拍脑袋）哎呀，您瞧瞧我都糊涂了。

魏征： 说起皇后，我前些日子还做了件对不起她的事。

越越： 啊？不会吧？

魏征： 那天皇上带着我一起登上观台，观看昭陵。我当时说他只思念皇后，不思念自己的父亲。皇上听后便把观台给拆了。

越越： 您也是为了天下人着想嘛，相信皇后在天之灵也能理解你的。

魏征： 唉，但愿如此吧。

越越： 您别唉声叹气的了。印象中，皇上总是对您言听计从。那他有没有否决过您的时候啊？

魏征： 有啊。比如打下高昌那次。我说应该保留高昌国，让高昌国王自己治理，这样可以减少国家费用。皇上就没有听取我的意见，把高昌改成了西州，留兵镇守。

越越： 您当时的心情是什么样的呢？

魏征： 很多事情说不上谁对谁错，如果不是原则上的问题，我也就只是提下自己的看法而已。

越越： 皇上有您这样的大臣真是他的福气。

魏征： 过奖了，应该的，应该的。

越越： 大人如此客气的话，不如您请我吃饭吧。

魏征： 好啊，只要记者先生不嫌弃，粗茶淡饭已经备好。

越越： 那一起吃饭去吧。（两人一起离去）

（本次采访于魏征去世之前。）

广告铺

魏征谏言，字字珠玑

据《贞观政要》记载统计，魏征向太宗皇帝当面提出建议有五十次，上书十一件，一生的谏言多达数十万字，其次数之多，言辞之激切，态度之坚定，非其他大臣可比也！

本人素来仰慕魏征大人，今特将其言论摘录下来，编辑成一书，如有需要，可向本书坊索取，分文不收。注：本书不作公开发行。

百花书坊

请羊鼻公吃醋芹

听说羊鼻公（魏征的诨号）爱吃醋芹，请御膳房准备醋芹若干份。朕要看看羊鼻公不板着脸进谏时，是何模样。

李世民

魏征去世有感

夫以铜为镜，可以正衣冠；以古为镜，可以知兴替；以人为镜，可以明得失。魏征没，朕亡一镜矣！

李世民

智者为王 ZHIZHE WEI WANG

第4关

智者无敌 王者为大

1. 房谋杜断是指哪两个人？
2. 杜如晦去世后谁接任了他的位置？
3. 唐太宗让什么人回家过年？
4. 一夜从布衣变卿相的人是谁？
5. 长孙皇后什么时候去世的？去世的时候多大年纪？
6. 哪些人不能参加科举考试？
7. 交河城是现在的哪个地方？
8. 吐蕃的什么建筑是仿照大唐宫苑建造的？
9. 唐太宗为谁修建了大明宫？
10. 《二十四功臣图》里秦叔宝排行第几？
11. 唐太宗最先立谁为太子？
12. 太子为何被废？
13. 唐太宗是怎么死的？
14. 唐太宗死后谁继承了皇位？
15. 前往天竺取经的法师是谁？
16. 唐太宗什么时候去世的？
17. 唐太宗身边的第一谏臣是谁？
18. 谁把魏征的墓碑给推倒了？

智者为王答案

第 1 关答案

1. 突厥军。
2. 李世民。
3. 表哥。
4. 留守。
5. 杨玄感。
6. 瓦岗寨。
7. 因为他是朝廷重犯李密的儿女亲家。
8. 暗中筹划起义,等候良机。
9. 美人计。
10. 与突厥交战失利,将被治罪。
11. 王威和高君雅。
12. 解除后顾之忧。
13. 西河。
14. 开仓赈济贫民。
15. 先假装讨好他,好放心攻打长安。
16. 宋老生。
17. 李渊想退兵。
18. 李渊决定兵分两路,一路继续围攻河东,牵制屈突通的兵力,一路随自己西行,直奔长安。

第 2 关答案

1. 洛阳。
2. 杨广打算把国都迁到丹阳。
3. 宇文化及。
4. 公元618年。
5. 薛举。
6. 被王世充打败后,走投无路。
7. 李密再次公开造反。
8. 刘武周。
9. 谋反罪。
10. 李世民。
11. 王世充和窦建德。
12. 刘黑闼。
13. 李建成。
14. 李建成。
15. 天策上将。

智者为王答案

第❸关答案

1. 突厥的频繁骚扰。
2. 没有。
3. 东宫。
4. 尉迟敬德。
5. 李建成。
6. 一种想象中的动物,既像蛇,又像龟。
7. 《秦王破阵乐》。
8. 被王君廓怂恿。
9. 李艺。
10. 公元626年。
11. 第二个。
12. 裴寂。
13. 荀子。
14. 渭水边。
15. 公元629年;李靖。
16. 天可汗。

第❹关答案

1. 房玄龄,杜如晦。
2. 戴胄。
3. 死囚。
4. 马周。
5. 公元636年;三十六岁。
6. 从事工商业者。
7. 新疆维吾尔自治区吐鲁番市。
8. 布达拉宫。
9. 唐高祖李渊。
10. 最后一名。
11. 李承乾。
12. 他有谋反计划。
13. 服用丹药导致暴疾。
14. 李治。
15. 玄奘法师。
16. 公元649年。
17. 魏征。
18. 唐太宗李世民。

长知识啦!

李世民生平大事年表

时间	年龄	大事记
公元598年	一岁	李世民在武功的李家别馆出生。
公元613年	十六岁	李世民解雁门之围。
公元617年	二十岁	李世民劝父起兵，攻入长安。
公元618年	二十一岁	李渊称帝，建立唐朝。李世民浅水原先败后胜，消灭薛举。
公元620年	二十三岁	李世民大败宋金刚。
公元621年	二十四岁	李世民虎牢关大捷，打败王世充、窦建德。
公元622年	二十五岁	李世民打败刘黑闼。
公元626年	二十九岁	玄武门之变。李世民称帝。
公元629年	三十二岁	平定东突厥。
公元630年	三十三岁	四夷君长尊李世民为"天可汗"。
公元635年	三十八岁	平定吐谷浑。
公元639年	四十二岁	平定高昌。
公元640年	四十三岁	文成公主入藏。
公元643年	四十六岁	齐王李祐谋反被杀，原太子承乾被废，李治被立为太子。
公元646年	四十九岁	平定薛延陀汗国。
公元649年	五十二岁	李世民病逝。

图书在版编目(CIP)数据

隋唐英雄李世民／彭凡著.—北京：化学工业出版社，2015.7（2024.11重印）

（历史穿越报）

ISBN 978-7-122-23996-9

Ⅰ.①隋… Ⅱ.①彭… Ⅲ.①李世民(599-649)-生平事迹-少年读物 Ⅳ.①K827=2

中国版本图书馆CIP数据核字（2015）第104414号

责任编辑：丁尚林　刘亚琦	文字编辑：李　曦
责任校对：陈　静	装帧设计：尹琳琳

出版发行：化学工业出版社（北京市东城区青年湖南街13号　邮政编码100011）
印　　装：天津裕同印刷有限公司
710mm×1000mm　1/16　印张12　2024年11月北京第1版第22次印刷

购书咨询：010-64518888　　售后服务：010-64518899
网　　址：http://www.cip.com.cn

凡购买本书，如有缺损质量问题，本社销售中心负责调换。

定　价：29.80元　　　　　　　　　　　　　　　版权所有　违者必究